AF275157

COLEX

GRACIAS POR CONFIAR EN COLEX

Disfrute gratuitamente **DURANTE UN AÑO** de los eBook, audiolibros y Colex Copilot de las obras de Editorial Colex*

ACTIVA TU CÓDIGO PARA ACCEDER A LOS SERVICIOS

1. Accede a **www.colex.es**.

2. Inicia sesión o regístrate como usuario.

3. Dirígete al menú de usuario y haz clic en **«Mis códigos»**.

4. Introduce el siguiente código **(RASCA PARA VER EL CÓDIGO)**:

◆ Una vez se valide el código, aparecerá una ventana de confirmación y su eBook / audiolibro / Colex copilot estarán activos **durante 1 año desde su activación** en la pestaña «Mis libros» en el menú de usuario.

* Los audiolibros están disponibles en las ediciones más recientes de nuestras obras. Se excluyen expresamente las colecciones «Códigos comentados», «Biblioteca digital» y los productos de www.vademecumlegal.es. Colex Copilot únicamente está disponible en las ediciones más recientes de las colecciones «Paso a paso» y «Vademecum».

No se admitirá la devolución si el código promocional ha sido manipulado y/o utilizado.

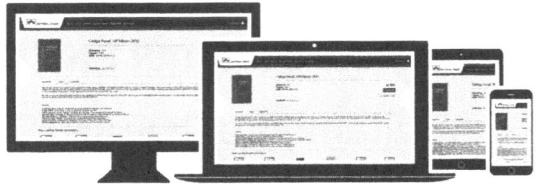

¡Gracias por confiar en nosotros!

La obra que acaba de adquirir incluye de forma gratuita la versión electrónica.

Acceda a nuestra página web para aprovechar todas las funcionalidades de las que dispone en nuestro lector.

Funcionalidades eBook

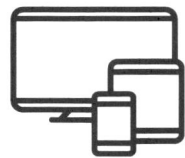

Acceso desde cualquier dispositivo con conexión a internet

Idéntica visualización a la edición de papel

Navegación intuitiva

Tamaño del texto adaptable

Síguenos en:

NUEVA FUNCIONALIDAD CON INTELIGENCIA ARTIFICIAL EN LOS LIBROS DE COLEX

| Una cortesía de Iberley.es |

En Colex damos un paso más en innovación jurídica. Desde ahora, las guías «Paso a paso» y los «Vademecum» incorporan una nueva funcionalidad basada en **inteligencia artificial**, gracias a la tecnología de **Iberley IA**.

El lector podrá interactuar directamente con el contenido del libro de forma inmediata, útil y centrada exclusivamente en su materia.

☑ ¿Qué puede hacer el usuario en el libro?

- 📖 Realizar preguntas sobre el contenido del libro.
- 🗳 Solicitar explicaciones de artículos, conceptos o normativa.
- ☀ Utilizar un ChatBot inteligente, contextualizado y acoplado al contenido legal del libro.
- 💡 Resolver dudas puntuales mientras se estudia o trabaja con la obra.

☒ ¿Qué no puede hacer esta versión del ChatBot?

- ✗ No permite generar escritos jurídicos.
- ✗ No analiza ni responde documentos externos.
- ✗ No responde a consultas de otras materias distintas a la del libro.

Esta herramienta está pensada para enriquecer la experiencia de lectura y consulta del libro. Su uso es exclusivo sobre su contenido.

¿QUIERES IR MÁS ALLÁ? DESCUBRE IBERLEY IA

Si necesitas una **solución avanzada de inteligencia legal**, con cobertura total de materias y documentos, entra en **www.iberley.es** y accede a todas las funcionalidades profesionales:

CUADRO SIMBÓLICO DE FUNCIONALIDADES		
Funcionalidad	**En los libros Colex**	**En Iberley.es**
Preguntar sobre el contenido del libro	✓	✓
Solicitar explicaciones jurídicas	✓	✓
ChatBot integrado al contenido del libro	✓	✓
Consultas sobre otras materias	✗	✓
Análisis de documentos externos	✗	✓
Generación de escritos jurídicos	✗	✓
Traducción jurídica	✗	✓
Informes y resúmenes legales automáticos	✗	✓
Contratos, guías prácticas y emails para clientes	✗	✓
Estrategias judiciales y jurisprudencia instantánea	✗	✓

FISCALIDAD DE LAS COMPRAVENTAS DE SEGUNDA MANO

Estudio de las implicaciones fiscales básicas de
la compraventa de bienes muebles usados para
comprador y vendedor, sean particulares o empresas

FISCALIDAD DE LAS COMPRAVENTAS DE SEGUNDA MANO

Estudio de las implicaciones fiscales básicas de
la compraventa de bienes muebles usados para
comprador y vendedor, sean particulares o empresas

EDICIÓN 2025

**Obra realizada por el Departamento de
Documentación de Iberley**

COLEX 2025

© Editorial Colex, S.L.
Calle Costa Rica, número 5, 3º B (local comercial)
A Coruña, C.P. 15004
info@colex.es
www.colex.es

I.S.B.N.: 979-13-7011-242-4
Depósito legal: C 1224-2025

SUMARIO

ANEXO.
CASOS PRÁCTICOS

1.
INTRODUCCIÓN

Introducción a la fiscalidad de las compraventas de segunda mano

Las compraventas de bienes usados o de segunda mano son cada vez más habituales en el día a día de los ciudadanos, pues permiten acceder a productos más asequibles en buenas condiciones, prolongar la vida útil de bienes ya existentes y reducir la generación de residuos. De hecho, en los últimos tiempos, su importancia se ha multiplicado de manera exponencial gracias a la proliferación de múltiples plataformas o aplicaciones en línea que facilitan el contacto entre vendedores y compradores, ampliando el mercado potencial al que se dirigen los productos, mejorando la seguridad de las operaciones e incluso gestionando los propios pagos. Por ese motivo, no es de extrañar que la Administración tributaria cada vez ponga más el foco sobre este tipo de transacciones y que se hayan adoptado una serie de **medidas para mejorar el control sobre ellas**, como la imposición de ciertas obligaciones de información a las plataformas digitales.

Así las cosas, a través de los siguientes epígrafes intentaremos desgranar el tratamiento fiscal básico de esta clase de operaciones, a fin de que el lector que decida vender un bien usado o que vaya a adquirirlo de otro pueda conocer qué impuestos entrarán en juego y el régimen de tributación correspondiente. Sin embargo, dada la amplitud de la materia y la gran casuística a la que puede dar lugar (difícil de abarcar en su totalidad), y el propio enfoque de la obra, **nos centraremos únicamente en el estudio de la tributación de las compraventas de bienes muebles usados**. Y es que, no en vano, las transmisiones de inmuebles y su fiscalidad se tratan, en general, en la guía Paso a Paso sobre «Compraventa inmobiliaria» y, para el caso concreto de las compraventas de vivienda, en la referida a «Cómo comprar una vivienda con hipoteca», de la misma colección. Igualmente, debido a la complejidad del IVA, nos limitaremos a exponer el tratamiento fiscal básico de las **operaciones interiores**, sin entrar en las particularidades que procederán en caso de importaciones, exportaciones u operaciones intracomunitarias. Lo contrario supondría complicar en exceso la explicación y nos desviaría de la idea central que preside la obra, cuando el funcionamiento del IVA es objeto de otras guías específicas sobre dicho impuesto.

Por lo demás, para facilitar la comprensión de la materia, el estudio se organiza en dos grandes bloques:

- Primero, se aborda la **incidencia fiscal básica de la compraventa de bienes de segunda mano**, tanto para el comprador como para el vendedor, diferenciando dos supuestos: la **compra a particulares** (personas físicas que venden bienes de su patrimonio personal al margen de cualquier actividad económica) y la **compra a empresarios, profesionales o empresas que actúan en el ámbito de su actividad económica** (ya sea porque se dedican a la venta de este tipo de bienes o porque transmitan algún elemento patrimonial que tuvieran afecto a la actividad, integrante de su patrimonio empresarial, como podría ser una máquina o un vehículo utilizado en la actividad). Ambos supuestos se estudian por separado, haciendo referencia en cada uno de ellos a los impuestos básicos que pueden entrar en juego:

  » Desde el punto de vista de la fiscalidad indirecta, se analiza la tributación en el ITPyAJD, en su modalidad de transmisiones patrimoniales onerosas, y/o en el IVA.

  » Por lo que se refiere a la fiscalidad directa, se aborda el tratamiento de las ganancias o pérdidas que pueda obtener el vendedor en el IRPF (si es persona física) o el IS (si es persona jurídica).

- Finalmente, en un último apartado se hace una **especial referencia a la obligación de las plataformas digitales de venta de segunda mano de informar a Hacienda** sobre determinadas operaciones, su alcance y las consecuencias que implica para los usuarios que las utilicen.

2.
INCIDENCIA FISCAL BÁSICA DE LA COMPRAVENTA DE BIENES DE SEGUNDA MANO A PARTICULARES

La compraventa de bienes de segunda mano a particulares

La compraventa a particulares de bienes muebles, ya sea por otro particular o por empresario o profesional, es una práctica muy extendida en la actualidad que puede tener incidencia en diversos impuestos. Este tipo de transacciones engloba gran variedad de bienes, desde objetos de decoración o ropa hasta vehículos y electrodomésticos.

La compraventa de bienes de segunda mano a particulares genera implicaciones fiscales para ambas partes, concretamente en el ITPyAJD —respecto al comprador— y en el IRPF —respecto al vendedor—.

En la actualidad, en lo que concierne a la compraventa de bienes muebles entre particulares se puede apreciar una cierta diferencia respecto de los bienes muebles de escaso valor o que no requieren de un cambio de titularidad ante la Administración y aquellos para los cuales el pago del ITP es una condición *sine qua non* a efectos del cambio de titularidad del bien. Esto es debido a una imposibilidad hasta la fecha por parte de la Administración tributaria de conocer las transmisiones gravadas por ITP cuando no debieran inscribirse en un registro público.

Por lo que respecta al vendedor y el IRPF, estaríamos ante un supuesto similar al del ITP y los compradores, pues al no liquidarse los correspondientes impuestos y no realizarse una transmisión de titularidad ante un registro público, la Administración no tiene conocimiento de la compraventa. Esta suerte está cambiando con el auge de las plataformas digitales de venta de segunda mano, pues en determinados supuestos han de proporcionar información sobre los vendedores de sus plataformas, incluidos los vendedores particulares no habituales.

A lo largo de los siguientes epígrafes se abordarán dichas implicaciones fiscales, haciendo referencia también a las diferentes particularidades autonómicas y sus principales beneficios fiscales.

2.1. En el ITPyAJD (comprador)

Incidencia en el ITPyAJD

Como se ha comentado con anterioridad, la compraventa de bienes muebles a particulares **tiene incidencia en el ITPyAJD para el comprador**. A continuación, realizaremos un análisis de la misma.

El artículo 1 de la LITPyAJD establece que se gravarán por ITPyAJD las transmisiones patrimoniales onerosas al indicar lo siguiente:

«1. El Impuesto sobre Transmisiones Patrimoniales y Actos Jurídicos Documentados es un tributo de naturaleza indirecta que, en los términos establecidos en los artículos siguientes, gravará:
1.º Las transmisiones patrimoniales onerosas.
2.º Las operaciones societarias.
3.º Los actos jurídicos documentados».

En lo que aquí interesa, se consideran transmisiones patrimoniales sujetas al impuesto, en virtud de lo establecido en el artículo 7.1.A) de la LITPyAJD, las transmisiones onerosas por actos *inter vivos* de toda clase de bienes y derechos que integren el patrimonio de las personas físicas o jurídicas. No obstante, el apartado 5 del artículo establece que **no se encuentran sujetas al concepto** de «transmisiones patrimoniales onerosas» regulado en el título I, las operaciones enumeradas en los apartados 1 a 4 de dicho artículo cuando, independientemente de la condición del adquirente, **los transmitentes sean empresarios o profesionales en el ejercicio de su actividad económica y**, en cualquier caso, **cuando constituyan entregas de bienes o prestaciones de servicios sujetas al IVA**; salvo ciertas excepciones referidas a bienes inmuebles, en las que podrá aplicarse el ITP a una serie de operaciones inmobiliarias realizadas por empresarios o profesionales que queden exentas o no sujetas al IVA.

A TENER EN CUENTA. En general, se entenderá que una persona física tiene la condición de empresario o profesional a efectos de IVA en la medida en que exista la concurrencia de la ordenación de unos medios de producción que impliquen la voluntad de intervenir en el mercado, aunque sea de forma ocasional. Así lo indica la Dirección General de Tributos, entre otras, en su consulta vinculante (V2205-24), de 14 de octubre de 2024, al expresar lo siguiente:

«Del escrito de la consulta se deduce que la persona física consultante realizará un mínimo de una vez y un máximo de tres veces las operaciones objeto de consulta percibiendo una contraprestación por ellas.

Al respecto debe decirse que la frecuencia o habitualidad con la que una persona física presta servicios no tiene relevancia en lo que respecta a la consideración de esa persona física como empresario o profesional a los efectos del Impuesto en la medida en que exista la concurrencia de la ordenación de unos medios de producción que impliquen la voluntad de intervenir en el mercado, aunque sea de forma ocasional.

Así se ha manifestado por este Centro directivo en, entre otras, la contestación vinculante de 21 de mayo de 2012, número V1102-12, en la que se señaló que "no puede predicarse que una persona o entidad tiene la consideración, o no, de empresario o profesional a efectos del Impuesto sobre el sobre el Valor Añadido y, por tanto, de sujeto pasivo de dicho Impuesto, de forma intermitente en el tiempo, en función del tipo de operaciones que realice, sean estas a título gratuito u oneroso.".

No obstante, dichas personas físicas no tendrían la consideración de empresarios o profesionales cuando realicen dicha operación, de forma puntual y aislada y sin intención de continuidad, efectuada al margen de una actividad empresarial o profesional.

De acuerdo con todo lo anterior, estarán sujetas al Impuesto sobre el Valor Añadido las operaciones a que se refiere el escrito de consulta, en particular, cuando la citada persona física tenga intención de intervenir en la producción de bienes y servicios, lo que determinará la realización de una actividad empresarial o profesional a efectos del Impuesto sobre el Valor Añadido».

Además, el artículo 31 del RITPyAJD establece que se considerarán no sujetos a la modalidad de transmisiones patrimoniales onerosas del ITPyAJD, cualesquiera actos y contratos no consignados expresamente en el texto refundido o en el citado reglamento.

Además, indica el artículo 8 de la LITPyAJD que, respecto a las transmisiones de bienes y derechos de toda clase, se encuentra **obligado al pago del impuesto** a título de contribuyente, y cualesquiera que sean las estipulaciones establecidas por las partes en contrario, **el que adquiere los bienes y derechos**. Resultarán subsidiariamente responsables del pago del impuesto los sujetos establecidos en el artículo 9 de la LITPyAJD.

Por lo que respecta al ámbito territorial del impuesto y su exigibilidad, es preciso concretar en lo que aquí concierne que dicho impuesto **se exigirá por aquellas transmisiones patrimoniales onerosas de bienes y derechos**, cualquiera que sea su naturaleza, **que estuvieran situados, pudieran ejercitarse o hubieran de cumplirse en territorio español o extranjero**, cuando, **en este último supuesto, el obligado al pago del impuesto tenga su residencia en España**. Por el contrario, no resultará exigible el impuesto por las transmisiones patrimoniales de bienes y derechos, cualquiera que sea su naturaleza que, efectuadas en territorio extranjero, hubieren de surtir efectos fuera del territorio español. Lo anterior se entenderá sin perjuicio de los regímenes forales de concierto y convenio económico vigentes en los Territorios históricos del País Vasco y en la Comunidad Foral de Navarra, respectivamente, y de lo dispuesto en los tratados o convenios internacionales que hayan pasado a formar parte del ordenamiento interno.

Por lo tanto, nos encontramos con que, **en la compraventa de bienes de segunda mano a particulares, resultarán gravados los bienes adquiridos por el comprador, tributando en el ITPyAJD, por la modalidad de transmisiones patrimoniales onerosas**.

> **A TENER EN CUENTA**. La disposición adicional tercera de la LITPyAJD establece que las referencias que contiene la normativa del ITPyAJD al IVA se entenderán hechas al IGIC, en el ámbito de su aplicación.

CUESTIONES

1. ¿Qué se entiende por residentes a efectos de la exigibilidad del impuesto, regulada en el artículo 6 del RITPyAJD?

En virtud de lo dispuesto en el artículo 7 del RITPyAJD, y a efectos de lo dispuesto en el artículo 6 de dicho reglamento, se entenderá que una persona física o jurídica es residente en España cuando, respectivamente, reúna las condiciones y requisitos establecidos a estos efectos en la normativa del Impuesto sobre la Renta de las Personas Físicas o en la del Impuesto sobre Sociedades.

2. ¿Qué se entiende por bienes muebles situados en territorio español?

A esta cuestión da respuesta el artículo 8 del RITPyAJD, en el que se especifica que serán aquellos bienes muebles que habitualmente se encuentren en territorio español, aunque en el momento del devengo estén fuera del mismo por circunstancias coyunturales o transitorias.

|| Base imponible y cuota tributaria

En virtud de lo dispuesto en el artículo 10 de la LITPyAJD, la **base imponible** del impuesto se encuentra constituida por el valor del bien transmitido o del derecho que se constituya o ceda, siendo únicamente deducibles las cargas que disminuyan el valor de los bienes, pero no las deudas, aunque estén garantizadas con prenda o hipoteca. Establece además que:

> «A efectos de este impuesto, salvo que resulte de aplicación alguna de las reglas contenidas en los apartados siguientes de este artículo o en los artículos siguientes, se considerará valor de los bienes y derechos su valor de mercado. No obstante, si el valor declarado por los interesados, el precio o contraprestación pactada o ambos son superiores al valor de mercado, la mayor de esas magnitudes se tomará como base imponible.
>
> Se entenderá por valor de mercado el precio más probable por el cual podría venderse, entre partes independientes, un bien libre de cargas».

> **A TENER EN CUENTA**. Las promesas y opciones de contratos sujetos al impuesto serán equiparadas a estos, tomándose como base el precio especial convenido y, a falta de este, o si fuese menor, el 5 % de la base aplicable a dichos contratos.

La LITPyAJD establece en su artículo 11, respecto a la transmisión de bienes muebles, así como a la constitución y cesión de derechos reales que recaigan sobre ellos, a excepción de los derechos reales de garantía, cómo se obtiene la **cuota tributaria**. Así las cosas, establece que dicha cuota se obtendrá aplicando sobre la base liquidable el **tipo** que haya sido **aprobado por la comunidad autónoma**. En aquellos supuestos en que la comunidad autónoma no haya hecho uso de esta facultad y, por ende, **no haya aprobado dicho tipo, se aplicará un 4 %**.

A TENER EN CUENTA. Pese a que el artículo 11 de la LITPyAJD menciona la Ley 21/2001, de 27 de diciembre, esta ha sido derogada desde el 1 de enero de 2009 — salvo lo dispuesto en las disposiciones transitorias de la Ley 22/2009, de 18 de diciembre, en virtud de la disposición derogatoria de la Ley 22/2009, de 18 de diciembre— y, por ende, la referencia ha de entenderse hecha a la Ley 22/2009, de 18 de diciembre.

CUESTIÓN

¿Qué sucede cuando en un contrato que comprenda bienes muebles e inmuebles no se especifica la parte del valor que corresponde a cada uno de ellos?

Este supuesto se encuentra explícitamente previsto en la LITPyAJD, concretamente en su artículo 11.2, en el que se indica que se aplicará el tipo de gravamen de los inmuebles, es decir, un gravamen del 6 %.

|| Exenciones

El artículo 45 de la LITPyAJD establece las exenciones del impuesto.

Estarán exentos del impuesto los siguientes **sujetos:**

- El Estado y las Administraciones públicas territoriales e institucionales y sus establecimientos de beneficencia, cultura, Seguridad Social, docentes o de fines científicos. Esta exención resultará igualmente de aplicación respecto a aquellas entidades cuyo régimen fiscal fuere equiparado por una ley al del Estado o al de las Administraciones públicas citadas.

- Las entidades sin fines lucrativos a que se refiere artículo 2 de la Ley 49/2002, de 23 de diciembre, que se acojan al régimen fiscal especial en la forma prevista en el artículo 14 de dicha ley.

- Las cajas de ahorro y las fundaciones bancarias, por las adquisiciones directamente destinadas a su obra social.

- La Iglesia Católica y las iglesias, confesiones y comunidades religiosas que tengan suscritos acuerdos de cooperación con el Estado español.

- El Instituto de España y las Reales Academias integradas en el mismo, así como las instituciones de las comunidades autónomas que tengan fines análogos a los de la Real Academia Española.

- Los partidos políticos con representación parlamentaria.

- La Cruz Roja Española y la Organización Nacional de Ciegos Españoles.

- La Obra Pía de los Santos Lugares.

Estarán exentas, por lo que aquí interesa y entre otras, las siguientes **transmisiones:**

- Las transmisiones y demás actos y contratos en que la exención resulte concedida por tratados o convenios internacionales que hayan pasado a formar parte del ordenamiento interno.

- Las transmisiones que se verifiquen en virtud de retracto legal, cuando el adquirente contra el cual se ejercite aquel hubiere satisfecho ya el impuesto.

- Las transmisiones y demás actos y contratos cuando tengan por exclusivo objeto salvar la ineficacia de otros actos anteriores por los que se hubiera satisfecho el impuesto y estuvieran afectados de vicio que implique inexistencia o nulidad.

- En las ciudades de Ceuta y Melilla se mantendrán las bonificaciones tributarias establecidas en la Ley de 22 de diciembre de 1955.

- Las transmisiones de vehículos usados con motor mecánico para circular por carretera, cuando el adquirente sea un empresario dedicado habitualmente a la compraventa de los mismos y los adquiera para su reventa. Esta exención se entenderá concedida con carácter provisional y para elevarse a definitiva deberá justificarse la venta del vehículo adquirido dentro del año siguiente a la fecha de su adquisición.

|| Devengo y prescripción del impuesto

Por lo que respecta al **devengo** del ITPyAJD en la compraventa de bienes muebles a particulares, el devengo del impuesto se producirá el día en que se realice el acto o contrato gravado.

Toda adquisición de bienes cuya efectividad se halle suspendida por la concurrencia de una condición, un término, un fideicomiso u otra limitación, se entenderá siempre realizada el día en que dichas limitaciones desaparezcan.

La **prescripción** del impuesto se regulará por lo previsto en los artículos 64 y siguientes de la LGT, a excepción de lo previsto en los apartados 2 y 3 del artículo 50, en los que se indica lo siguiente:

> «2. A los efectos de prescripción, en los documentos que deban presentarse a liquidación, se presumirá que la fecha de los privados es la de su presentación, a menos que con anterioridad concurra cualquiera de las circunstancias previstas en el artículo 1.227 del Código Civil, en cuyo caso se computará la fecha de la incorporación, inscripción, fallecimiento o entrega, respectivamente. En los contratos no reflejados documentalmente, se presumirá, a iguales efectos, que su fecha es la del día en que los interesados den cumplimiento a lo prevenido en el artículo 51. La fecha del documento privado que prevalezca a efectos de prescripción, conforme a lo dispuesto en este apartado, determinará el régimen jurídico aplicable a la liquidación que proceda por el acto o contrato incorporado al mismo.
>
> 3. En el supuesto de escrituras autorizadas por funcionarios extranjeros, el plazo de prescripción se computará desde la fecha de su presentación ante cualquier Administración española, salvo que un Tratado, Convenio o Acuerdo Internacional, suscrito por España, fije otra fecha para el inicio de dicho plazo».

|| Gestión y liquidación

La gestión y liquidación del impuesto es competencia de las Delegaciones y Administraciones de la AEAT y, en su caso, de las oficinas con análogas funciones de las comunidades autónomas que tengan cedida la gestión del tributo.

Las comunidades autónomas tienen facultades para regular aspectos sobre dicha gestión y liquidación en virtud de lo previsto, como se indica en el artículo 56 de la LITPyAJD, en la Ley 21/2001, de 27 de diciembre —referencia que ha de entenderse hecha a la Ley 22/2009, de 18 de diciembre—. En aquellos supuestos en que la comunidad autónoma no haya regulado al respecto, se aplicarán las normas establecidas en la LITPyAJD.

El pago del impuesto se encuentra sometido al régimen general sobre plazos de ingreso establecido para las deudas tributarias. La competencia para la aplicación del impuesto, así como el ejercicio de la potestad sancionadora, le corresponde a la Administración tributaria de la comunidad autónoma o del Estado a la que se atribuya su rendimiento de acuerdo con los puntos de conexión aplicables según las normas reguladoras de la cesión de impuestos a las comunidades autónomas.

Por lo que respecta a la **liquidación** del impuesto, se ha de estar a lo dispuesto en el artículo 101 del RITPyAJD. Los sujetos presentarán ante los órganos competentes de la Administración tributaria la autoliquidación del impuesto extendida en el modelo de impreso de declaración-liquidación especialmente aprobado y a la misma se acompañará la copia auténtica del documento notarial, judicial o administrativo en que conste el acto que origine el tributo y una copia simple del mismo. Cuando se trate de documentos privados, se presentarán por duplicado, original y copia, junto con el impreso de declaración-liquidación.

CUESTIONES

1. ¿Qué ocurre si no se declaran los importes de dichas compraventas?

En aquellos supuestos en que el contribuyente, en este caso, el comprador, no presente el impuesto en plazo, se estará a lo dispuesto en la LGT en virtud de lo establecido en el artículo 51 de la LITPAJD, que nos remite a la LGT en lo relativo a la calificación y sanción de las infracciones tributarias de este impuesto.

2. ¿Y si el acto o contrato no está incorporado a un documento?

En este caso, los sujetos pasivos, a tenor de lo dispuesto en el artículo 101 del RITPyAJD, deberán acompañar a la declaración-liquidación la declaración escrita sustitutiva del documento a que se refiere el artículo 98.1 del RITPyAJD, en la que consten las circunstancias relevantes para la liquidación.

De lo anteriormente expuesto, se concluye que, como se especifica en el artículo 56 de la LITPyAJD, estamos ante un impuesto cedido a las comunidades autónomas, por lo que cada región puede establecer las bonificaciones que considere oportunas dentro de los límites establecidos en la normativa. Si la normativa autonómica no hubiera aprobado el tipo correspondiente, tanto en la LITPyAJD como en el RITPyAJD se establece un gravamen del 4 % para la transmisión de bienes muebles y semovientes, así como para la constitución y cesión de derechos reales sobre los mismos, salvo los derechos reales de garantías, por lo que este será el gravamen a aplicar en aquellas comunidades autónomas que no hayan ejercido sus competencias en esta materia.

Mención especial merecen las ciudades autónomas de Ceuta y Melilla, por no haber asumido las competencias en el impuesto y encontrarse su regulación en la LITPyAJD. Serán tratadas en el epígrafe correspondiente a «Particularidades autonómicas: tipos y principales beneficios fiscales».

CUESTIONES

1. ¿Cómo se realizará la autoliquidación del impuesto por la compraventa a un particular de un cuadro?

Mediante la presentación del modelo 600.

2. ¿Y si lo que adquiero es un vehículo usado?

En este caso, se presentará el modelo 620.

3. ¿Cuándo se produce la prescripción del impuesto?

La prescripción se regula por lo dispuesto en los artículos 64 y siguientes de la LGT, como se indica en el artículo 50.1 de la LITPyAJD. Además, ha de tenerse en cuenta lo dispuesto en el apartado segundo del mencionado artículo 50, en el que se indica lo siguiente:

«A los efectos de prescripción, en los documentos que deban presentarse a liquidación, se presumirá que la fecha de los privados es la de su presentación, a menos que con anterioridad concurra cualquiera de las circunstancias previstas en el artículo 1.227 del Código Civil, en cuyo caso se computará la fecha de la incorporación, inscripción, fallecimiento o entrega, respectivamente. En los contratos no reflejados documentalmente, se presumirá, a iguales efectos, que su fecha es la del día en que los interesados den cumplimiento a lo prevenido en el artículo 51. La fecha del documento privado que prevalezca a efectos de prescripción, conforme a lo dispuesto en este apartado, determinará el régimen jurídico aplicable a la liquidación que proceda por el acto o contrato incorporado al mismo».

RESOLUCIÓN RELEVANTE

Sentencia del Tribunal Supremo n.º 1694/2019, de 11 de diciembre de 2019, ECLI:ES:TS:2019:4027

Asunto: compraventa a particular de oro por empresario o profesional.

«Con arreglo a lo que establece el artículo 93.1 LJCA, procede, en función de todo lo razonado precedentemente, responder a la cuestión suscitada en el auto de admisión, que no era otra que la de determinar -interpretando la normativa más arriba señalada- si la transmisión de metales preciosos por un particular a un empresario o profesional del sector está o no sujeta al Impuesto sobre Transmisiones Patrimoniales y Actos Jurídicos Documentados, en su modalidad transmisiones patrimoniales onerosas.

La respuesta ha de ser afirmativa, declarando -por tanto- la sujeción de estas operaciones al tributo indicado en la medida en que lo esencial -como se ha dicho- es analizarlas desde la perspectiva del particular que enajena el bien por cuanto (i) es dicho particular el que realiza la transmisión y, por tanto, el hecho imponible del impuesto y (ii) no hay ningún precepto legal que exonere del gravamen por la circunstancia de que el adquirente sea un comerciante que actúa en el seno del giro o tráfico empresarial de su actividad».

RESOLUCIONES ADMINISTRATIVAS

Resolución del Tribunal Económico Administrativo Central n.º 1911/2022, de 28 de junio de 2024

Asunto: criterio sobre la sujeción a ITPyAJD de las adquisiciones por empresario de bienes muebles usados a particulares para su reventa.

«Criterio:

En los casos en los que un particular transmite un bien a una sociedad que lo revenderá en el ejercicio de su actividad empresarial, tales operaciones están sometidas al ITPAJD en su modalidad de transmisiones patrimoniales onerosas, conforme lo dispuesto en los apartados 1 y 5 del artículo 7 del TRLITPYAJD. Ello no resulta afectado por el hecho de que la posterior entrega esté sujeta al REBU, que es un régimen especial de tributación en las entregas de bienes, e independiente y compatible con la posible tributación por TPO de la entrega realizada por el particular y ningún precepto de la Ley del IVA ni, en concreto, de la regulación del REBU, impide exigir TPO en las adquisiciones realizadas en primer término a particulares.

Se reitera criterio de Resolución TEAC de 22 de mayo de 2024 (RG 325-2022)».

Resolución del Tribunal Económico Administrativo Central n.º 325/2022, de 22 de mayo de 2024

Asunto: criterio sobre la sujeción a ITPyAJD de las adquisiciones por empresario de bienes muebles usados a particulares para el ejercicio de su actividad empresarial.

«Criterio:

En los casos en los que una sociedad adquiera un bien para el ejercicio de su actividad empresarial, siendo el transmitente un particular, es aplicable lo dispuesto en el artículo 7.1 y 5 del TRLITPYAJD, y tales adquisiciones están sometidas al ITPAJD, modalidad de transmisiones patrimoniales onerosas. Por otra parte, el REBU que es un régimen especial de tributación en las entregas de bienes como medida para compensar una doble tributación en IVA, es independiente y compatible con la posible tributación por TPO de la entrega realizada por el particular y ningún precepto de la Ley del IVA ni, en concreto, de la regulación del REBU, impide exigir TPO en las adquisiciones realizadas en primer término a particulares.

Criterio reiterado en Resolución TEAC de 28 de junio de 2024 (RG 1911-2022)».

Resolución del Tribunal Económico Administrativo Central n.º 4115/2016, de 23 de enero de 2020

Asunto: criterio sobre la compra a particulares de objetos usados de oro y otros metales y su tributación en el ITPyAJD.

«Criterio:

En el caso de compras a particulares de objetos usados de oro y otros metales por parte de quienes ostenten la condición de empresarios o profesionales, al no tener los transmitentes tal condición de empresarios o profesionales, la operación queda fuera del ámbito del Impuesto sobre el Valor Añadido, quedando sujeta y no exenta a la modalidad "Transmisiones Patrimoniales Onerosas" del Impuesto sobre Transmisiones Patrimoniales Onerosas y Actos Jurídicos Documentados.

Supone un cambio de criterio (junto con el RG 00/06061/2020) respecto al establecido en la resolución de este TEAC de 20 de octubre de 2016 (RG 00/02568/2016) dictada en Procedimiento de adopción de resoluciones en unificación de criterio iniciado de oficio por el TEAC, recuperando el que se establecía en la resolución de este Tribunal Central de 8 de abril de 2014 (RG 00/05459/2013) dictada en recurso extraordinario de alzada para la unificación de criterio, coincidente con la doctrina del Tribunal Supremo recogida en sus recientes sentencias de 11 y 17 de diciembre de 2019 (Rec. casación 163/2016 y 3749/2017).

Reitera criterio de RG 00/06061/2016 (23-01-2020)».

2.1.1. Particularidades autonómicas: tipos y principales beneficios fiscales

¿Qué tipos y beneficios fiscales autonómicos se contemplan?

Como se ha mencionado previamente, al ser el ITPyAJD un impuesto cedido a las comunidades autónomas, estas tienen facultad para regular tipos y beneficios fiscales. Esta cesión se rige por lo dispuesto en las normas reguladoras de la cesión de tributos del Estado a las comunidades autónomas. La Ley 22/2009, de 18 de diciembre, regula en su artículo 49 el alcance de las competencias normativas en el ITPyAJD estableciendo que en dicho impuesto las comunidades autónomas podrán asumir competencias normativas sobre:

- Los tipos de gravamen. En relación con la modalidad «Transmisiones Patrimoniales Onerosas», las comunidades autónomas podrán regular el tipo de gravamen en:
  - » Concesiones administrativas.
  - » Transmisión de bienes muebles e inmuebles.
  - » Constitución y cesión de derechos reales que recaigan sobre muebles e inmuebles, excepto los derechos reales de garantía.
  - » Arrendamiento de bienes muebles e inmuebles. Los modelos de contrato para el arrendamiento de inmuebles podrán ser elaborados por la propia comunidad autónoma.
  - » En relación con la modalidad «Actos Jurídicos Documentados», las comunidades autónomas podrán regular el tipo de gravamen de los documentos notariales.

- Las deducciones y bonificaciones de la cuota. Las deducciones y bonificaciones aprobadas por las comunidades autónomas sólo podrán afectar a los actos y documentos sobre los que las comunidades autónomas pueden ejercer capacidad normativa en materia de tipos de gravamen con arreglo a lo dispuesto en el punto anterior.

  En todo caso, serán compatibles con las deducciones y bonificaciones establecidas en la normativa estatal reguladora del impuesto sin que pueda suponer una modificación de las mismas. Estas deducciones y bonificaciones autonómicas se aplicarán con posterioridad a las reguladas por la normativa del Estado.

Además, en el apartado 2 del artículo se establece que las comunidades autónomas podrán regular también los aspectos de gestión y liquidación.

Por su parte, el artículo 58 de la LITPyAJD establece que las comunidades autónomas podrán aprobar las deducciones y bonificaciones que estimen convenientes en este impuesto en aquellas materias sobre las que ostenten capacidad normativa en materia de tipos de gravamen. En todo caso, resultarán compatibles con las deducciones y bonificaciones establecidas en la normativa estatal reguladora del impuesto sin que puedan suponer una modificación las mismas. Estas deducciones y bonificaciones autonómicas se aplicarán con posterioridad a las reguladas por la normativa del Estado.

A continuación, se enumeran algunos de los tipos y beneficios fiscales previstos en la legislación autonómica de las diferentes comunidades autónomas de régimen común que pueden resultar de interés respecto de la compraventa a particulares de bienes muebles de segunda mano. También haremos una breve referencia a Ceuta y Melilla.

|| Andalucía

Andalucía regula este impuesto en la Ley 5/2021, de 20 de octubre. Esta comunidad autónoma contempla en el artículo 47 de la ley un **tipo de gravamen incrementado** del 8 % para las transmisiones patrimoniales onerosas de determinados bienes muebles. Estas son las transmisiones de vehículos de turismo y vehículos todoterreno que, según las características técnicas, superen los 15 caballos de potencia fiscal, así como las embarcaciones de recreo con más de ocho metros de eslora y aquellos otros bienes muebles que se puedan considerar como objetos de arte y antigüedades, según la definición que de los mismos se realiza en la LIP.

En relación con lo anterior, se prevé, en su artículo 46, un tipo de **gravamen reducido para la adquisición de determinados vehículos impulsados de manera eficiente y sostenible.** Se aplicará el tipo de gravamen reducido del 1 % a las adquisiciones de los siguientes bienes muebles:

- Vehículos de turismo, ciclomotores y motocicletas clasificados en el Registro de Vehículos con la categoría ambiental «0 emisiones», de conformidad con la clasificación establecida en el apartado E.2.a) del anexo II del Real Decreto 2822/1998, de 23 de diciembre, o norma que lo sustituya.

- Bicicletas, bicicletas de pedales con pedaleo asistido y vehículos de movilidad personal, de acuerdo con las definiciones reguladas en el apartado A) del anexo II del Real Decreto 2822/1998, de 23 de diciembre, o norma que lo sustituya.

- Embarcaciones propulsadas de forma ecológica. Dentro de esta categoría quedan encuadradas tanto las impulsadas de forma exclusiva por motores eléctricos como las que usan la energía solar y eólica.

> **A TENER EN CUENTA**. Según lo establecido en el artículo 46 de la Ley 5/2021, de 20 de octubre, a los bienes que se puedan acoger al tipo de gravamen reducido establecido en dicho artículo no les será de aplicación lo establecido en el artículo 47 de la ley.

|| Aragón

La regulación autonómica del ITPyAJD en Aragón se encuentra establecida en el Decreto Legislativo 1/2005, de 26 de septiembre.

Esta comunidad autónoma no establece un tipo de gravamen general, pero, en lo que aquí concierne, sí regula modificaciones de los tipos de gravamen para determinados bienes muebles. Así, en su artículo 121-6 establece que en la adquisición de automóviles turismo, todoterrenos, motocicletas y demás vehículos que por sus características se encuentren sujetos al impuesto, la cuota tributaria será:

- Cero euros, para aquellos con más de 10 años de uso y cilindrada igual o inferior a 1.000 centímetros cúbicos.

- Cuota fija de 20 euros, para aquellos con más de 10 años de uso y cilindrada superior a 1.000 centímetros cúbicos e inferior o igual a 1.500 centímetros cúbicos.

- Cuota fija de 30 euros, para aquellos con más de 10 años de uso y cilindrada superior a 1.500 centímetros cúbicos e inferior o igual a 2.000 centímetros cúbicos.

Al resto de vehículos se les aplicará el tipo de gravamen establecido para los bienes muebles en el segundo párrafo del artículo 11.1.a) de la LITPAJD.

A TENER EN CUENTA. El artículo 121-13 del Decreto Legislativo 1/2005 establecía que «durante el ejercicio 2015, tributarán al tipo de gravamen del 0,4 por 100 las transmisiones patrimoniales onerosas de vehículos destinados a reemplazar a otro que, como consecuencia de los daños producidos por las citadas inundaciones, se hubiera dado de baja definitiva en el Registro General de Vehículos de la correspondiente Jefatura Provincial de Tráfico». Este artículo ha sido derogado por la disposición derogatoria única de la Ley 17/2023, de 22 de diciembre, en vigor desde el 1 de enero de 2024.

|| Principado de Asturias

El Principado de Asturias ha ejercido sus competencias en materia de ITPyAJD en el Decreto Legislativo 2/2014, de 22 de octubre.

En su artículo 32 contempla los tipos de gravamen aplicables a la transmisión onerosa de bienes muebles. Así, la cuota tributaria se obtendrá aplicando sobre la base liquidable los siguientes tipos de gravamen:

- El 4 % como **tipo general**, para la transmisión de bienes muebles y semovientes, así como la constitución y cesión de derechos reales sobre los mismos, a excepción de los derechos reales de garantía.

- El 8 %, para las **transmisiones de vehículos de turismo** y **vehículos todoterreno** que superen los 15 caballos de potencia fiscal, según la clasificación establecida en las órdenes de precios medios de venta establecidos anualmente en Orden Ministerial, así como de **embarcaciones de recreo** con más de ocho metros de eslora y de aquellos otros bienes muebles que se puedan considerar como objetos de arte y antigüedades según la definición que de los mismos se realiza en la LIP.

Por su parte, el artículo 32 quinquies establece una **deducción del 100 %** de la cuota para adquisiciones de maquinaria agraria en que el **adquirente sea titular de una explotación agraria o ganadera en funcionamiento y el bien se afecte al desarrollo de dicha actividad. Para la aplicación de esta deducción, habrá de acreditarse en el Censo de empresarios, profesionales y retenedores en el epígrafe correspondiente a la actividad a desarrollar, así como que dicha actividad constituye su principal fuente de renta.

Asimismo, también se contempla una **deducción del 100 %** de la cuota en los supuestos de transmisiones patrimoniales onerosas **cuando el obligado al pago** del impuesto sea una **empresa pública del Principado de Asturias** y el **hecho imponible tenga origen en el desarrollo de políticas públicas**. Esta deducción se contempla en el artículo 32 septies del Decreto Legislativo. Dicho artículo ha sido introducido en el Decreto Legislativo por el artículo 39.12 de la Ley 8/2024, de 27 de diciembre, y se encuentra **en vigor desde el 1 de enero de 2025**.

‖ Illes Balears

Las Illes Balears establecen, en el Decreto Legislativo 1/2014, de 6 de junio, tipos de **gravamen específicos** en las **transmisiones patrimoniales onerosas** de determinados vehículos de motor (artículo 14 del Decreto Legislativo):

- Del **0 %** en el ITPyAJD aplicable a las transmisiones onerosas por actos *inter vivos* de **ciclomotores**. Los sujetos pasivos de dicho impuesto no quedarán obligados a presentar la autoliquidación correspondiente respecto a transmisiones objeto del tipo de gravamen específico a que se refiere este párrafo.

- Del **0 %** en el ITPyAJD aplicable a las transmisiones onerosas por actos *inter vivos* de **vehículos clasificados con el distintivo ambiental** de la Dirección General de Tráfico de **cero emisiones**.

- Del **2 %** en el ITPyAJD aplicable a las transmisiones onerosas por actos *inter vivos* de **vehículos clasificados con el distintivo ambiental** de la Dirección General de Tráfico de vehículos **ECO**.

- Del **8 %** en el ITPyAJD aplicable a las transmisiones onerosas por actos *inter vivos* de **vehículos de turismo y de vehículos todoterreno** que, según la clasificación de precios medios de venta que establece anualmente el ministerio competente en materia de hacienda mediante una orden, supere los 15 caballos de potencia fiscal.

Esta comunidad también ha establecido, en su artículo 14 bis, un tipo de gravamen aplicable a las transmisiones onerosas de determinados bienes muebles de carácter cultural. Así, las transmisiones onerosas de bienes muebles inscritos en el Catálogo General del Patrimonio Histórico de las Illes Balears o en el Registro de Bienes de Interés Cultural de las Illes Balears será del **1 %** cuando el adquirente incorpore los bienes mencionados a una empresa, actividad o proyecto de carácter cultural, científico o de desarrollo tecnológico, en los términos que prevé la Ley 3/2015, de 23 de marzo.

Por lo que respecta a las transmisiones de determinados bienes de carácter deportivo, se contemplan en el artículo 14 ter del Decreto. En este artículo se ha establecido un tipo de gravamen del **1 %** aplicable a las transmisiones onerosas de bienes muebles imprescindibles para la práctica del deporte cuando estos sean incorporados por la parte adquirente a una empresa, actividad o proyecto de carácter deportivo, siempre que la persona que adquiere dicho bien lo mantenga en su patrimonio, afecto a la empresa, la actividad o el proyecto deportivo, durante al menos cinco años desde su adquisición.

|| Canarias

Canarias regula en el Decreto Legislativo 1/2009, de 21 de abril, los tipos de gravamen aplicable al ITPyAJD en su comunidad autónoma. Así las cosas, establece en su artículo 31 el **tipo de gravamen general** por el concepto de transmisiones patrimoniales onerosas del ITPyAJD, estableciendo en la letra d) del apartado 1 del artículo que con carácter general se aplicará el tipo de gravamen del **5,5 %** cuando se trate de transmisiones de bienes muebles y semovientes, así como la constitución y cesión de derechos reales sobre los mismos, excepto los derechos reales de garantía. Este se entenderá sin perjuicio de la aplicación de los tipos de gravamen reducidos en los casos en que proceda.

Por su parte, el artículo 38 ter especifica que el tipo de **gravamen aplicable en la adquisición de los vehículos de turismo a motor será el establecido para los bienes muebles,** a **excepción** de los siguientes **vehículos a motor usados para los que señala una cuota fija.** Son los siguientes:

- **40 euros**, para la adquisición de vehículos de turismo a motor con más de 10 años de uso y cilindrada igual o inferior a 1.000 centímetros cúbicos.

- **70 euros**, para la adquisición de vehículos de turismo a motor con más de diez años de matriculación y cilindrada superior a 1.000 centímetros cúbicos e inferior o igual a 1.500 centímetros cúbicos.

- **115 euros**, para la adquisición de vehículos de turismo a motor con más de diez años de matriculación y cilindrada superior a 1.500 centímetros cúbicos e inferior o igual a 2.000 centímetros cúbicos.

> **A TENER EN CUENTA**. La adquisición de vehículos que tengan la consideración de históricos queda sujeta al tipo de gravamen establecido para los bienes muebles, cualquiera que sea su período de matriculación y cilindrada. El artículo 38 ter del Decreto Legislativo 1/2009, de 21 de abril, remite para la consideración de vehículos históricos a la definición contenida en el Real Decreto 1247/1995, de 14 de julio, pero esta remisión ha de entenderse hecha a la definición contenida en el Real Decreto 892/2024, de 10 de septiembre, pues ha derogado, con efectos desde el 1 de octubre de 2024, al Real Decreto 1247/1995.

|| Cantabria

Cantabria regula los tipos y beneficios fiscales del ITPyAJD aplicables en su comunidad autónoma en el Decreto Legislativo 62/2008, de 19 de junio. Concretamente, en su artículo 11 regula los tipos de gravamen aplicables a la transmisión onerosa de bienes muebles. En este se indica que la cuota tributaria en la modalidad de transmisiones patrimoniales onerosas se obtendrá aplicando sobre la base liquidable los tipos de gravamen previstos en dicho artículo 11 y aquí citados:

- Con **carácter general, 6 %** en la transmisión de bienes muebles y semovientes, así como la constitución y cesión de cerechos reales sobre los mismos, a excepción de los derechos reales de garantía.

- En particular, en la transmisión de **vehículos usados** se establecen las siguientes cuotas mínimas:

  » Turismos y todoterrenos, a excepción de los vehículos catalogados como históricos:

Antigüedad	Cilindrada	Cuota fija (euros)
Más de 10 años	Hasta 999 cc.	45
Más de 10 años	Desde 1.000 cc. hasta 1.499 cc.	60
Más de 10 años	Desde 1.500 cc. hasta 1.999 cc.	90

  » Vehículos comerciales e industriales, a excepción de los camiones:

Antigüedad	Cilindrada	Cuota fija (euros)
Más de 12 años	Hasta 1.499 cc.	50
Más de 12 años	Desde 1.500 cc. hasta 1.999 cc.	60
Más de 12 años	Mayor de 1.999 cc.	100
De 8 a 12 años	Hasta 1.499 cc.	95
De 8 a 12 años	Desde 1.500 cc. hasta 1.999 cc.	115
De 8 a 12 años	Mayor de 1.999 cc.	265
De 5 a 8 años	Hasta 1.499 cc.	190
De 5 a 8 años	Desde 1.500 cc. hasta 1.999 cc.	265
De 5 a 8 años	Mayor de 1.999 cc.	340

  » Ciclomotores y motocicletas, durante el primer año posterior a su matriculación.

    ◆ Gasolina:

Cilindrada	Cuota fija (euros)
Hasta 50 cc.	48
De 50,01 a 75 cc.	60
De 75,01 a 125 cc.	84
De 125,01 a 150 cc.	90
De 150,01 a 200 cc.	102
De 200,01 a 250 cc.	120
De 250,01 a 350 cc.	168
De 350,01 a 450 cc.	210
De 450,01 a 550 cc.	234
De 550,01 a 750 cc.	384

De 750,01 a 1.000 cc.	576
De 1.000,01 a 1.200 cc.	726
De 1.200,01 y superior cilindrada	918

◆ Eléctricos:

Cilindrada	Cuota fija (euros)
Hasta 2 KW 2,71 CV	66
De 2,01 KW 2,71 CV a 4 KW 5,4 CV	90
De 4,01 KW 5,41 CV a 6 KW 8,2 CV	120
De 6,01 KW 8,20 CV a 9 KW 12 CV	150
De 9,01 KW 12,01 CV a 12 KW 16 CV	180
De 12,01 KW 16,01 CV a 15 KW 20 CV	210
De 15,01 KW 20,01 CV a 20 KW 27 CV	240
De 20,01 KW 27,01 CV a 25 KW 34 CV	270
De 25,01 KW 34,01 CV a 30 KW 41 CV	342
De 30,01 KW 41,01 CV a 40 KW 54 CV	510
De 40,01 KW 54,01 CV a 55 KW 75 CV	720
De 55,01 KW 75,01 CV a 75 KW 102 CV	870
De 75,01 KW 102,01 CV a 90 KW 122 CV	1107
De 90,01 KW 122,01 CV y superior potencia	1200

» El resto de vehículos tributan al tipo del **6 %**.

A TENER EN CUENTA. Este artículo ha sido modificado por el artículo 3.6 de la Ley 3/2024, de 23 de diciembre, entrando en vigor el 01/01/2025. Con esta modificación se introducen unas cuotas mínimas específicas para ciclomotores y motocicletas, durante el primer año posterior a su matriculación, diferenciando entre gasolina y eléctricos.

|| Castilla La-Mancha

Castilla La-Mancha regula, en la Ley 8/2013, de 21 de noviembre, el tipo aplicable a las transmisiones patrimoniales onerosas.

Así, en su artículo 20 establece que se aplicará un tipo impositivo del **6 %** en la transmisión onerosa de bienes muebles y semovientes, así como en la constitución y cesión de derechos reales que recaigan sobre los mismos.

|| Castilla y León

Esta comunidad autónoma regula los tipos de gravamen aplicables al ITPyAJD en el Decreto Legislativo 1/2013, de 12 de septiembre.

Concretamente en su artículo 24 establece como **tipo general**, salvo cuando corresponda la aplicación de un tipo incrementado o reducido conforme al artículo 25 del Decreto Legislativo, el **5 %** en la transmisión de bienes muebles y semovientes, así como en la constitución y en la cesión de derechos reales que recaigan sobre los mismos, excepto de los derechos reales de garantía.

Por su parte, el artículo 25 regula los tipos incrementaos y reducidos en la modalidad de transmisiones patrimoniales onerosas, estableciendo, respecto a los bienes muebles, un **tipo incrementado del 8 %** en las transmisiones de **vehículos de turismo y vehículos todoterreno** que superen los 15 caballos de potencia fiscal, así como de otros bienes muebles que tengan la consideración de **objetos de arte y antigüedades** según la definición que de los mismos se realiza en la LIP.

|| Cataluña

Cataluña regula los tipos de gravamen aplicables al ITPyAJD en su comunidad autónoma en el Decreto Legislativo 1/2024, de 12 de marzo. En lo que aquí concierne, regula, en su artículo 641-1.3), el tipo de gravamen en la transmisión de bienes muebles, así como en la constitución y la cesión de derechos reales que recaigan sobre ellos, a excepción de los derechos reales de garantía, estableciendo un tipo de gravamen del **5 %**. En el caso de transmisión de vehículos clasificados en Reglamento general de vehículos con el distintivo ambiental de 0 emisiones, el tipo del gravamen es del 0 %; la aplicación de este tipo de gravamen no excluye de la obligación de presentación de la correspondiente autoliquidación.

> **A TENER EN CUENTA**. El Decreto-ley 5/2025, de 25 de marzo, modifica el artículo 641-1, con entrada **en vigor el 27 de junio de 2025**, respecto a a transmisión de vehículos, estableciendo en el apartado 4 del artículo que el tipo de gravamen aplicable en el caso de la transmisión de **vehículos** clasificados en el Reglamento general de vehículos con el distintivo ambiental de 0 emisiones, será del 0 %.

Esta comunidad autónoma también ha hecho uso de sus facultades para establecer una bonificación en la transmisión de obras de arte y antigüedades para su reventa. Concretamente, en el artículo 641-11 del Decreto Legislativo, que entrará **en vigor a partir del 27 de junio de 2025**, establece una bonificación del **100 %** en la cuota del impuesto en la modalidad de transmisiones patrimoniales onerosas para la transmisión de objetos de arte y antigüedades cuando el adquirente sea un empresario dedicado habitualmente a su compraventa y las adquiera para su reventa, incluido en los epígrafes 615.5 y 615.6 del IAE. Esta bonificación tiene carácter provisional y, para la elevación a definitiva, el sujeto pasivo debe justificar la venta posterior del bien en el plazo de un año desde su adquisición, mediante la presentación de una declaración en los términos y condiciones que se establezcan por resolución del director o directora de la Agencia Tributaria de Cataluña. Dicho artículo 641.11 establece las condiciones al respecto de la bonificación. Respecto a esta bonificación, tendrán la consideración de obras de arte y antigüedades las definidas en el régimen especial de los bienes usados, objetos de arte, antigüedades y objetos de colección regulado en la LIVA.

|| Comunidad Valenciana

La Comunidad Valenciana regula el ITPyAJD en lo que a su comunidad concierne en la Ley 13/1997, de 23 de diciembre.

En su artículo 13.Tres.3) establece que se aplicará el tipo de gravamen del **6 %** en la adquisición de bienes muebles y semovientes, en la constitución y cesión de derechos reales sobre aquellos, excepto los derechos reales de garantía, y en la constitución de concesiones administrativas. En particular, se sujetará a este tipo de gravamen la adquisición de automóviles tipo turismo, vehículos mixtos adaptables, vehículos todoterreno, motocicletas y ciclomotores, de propulsión eléctrica o de pila de combustible y los híbridos de menos de 2.000 centímetros cúbicos, cualquiera que sea su valor.

De lo anterior **se exceptúan**:

- La adquisición de automóviles tipo turismo, vehículos mixtos adaptables, vehículos todoterreno, motocicletas y ciclomotores, cuyo valor sea inferior a 20.000 euros y que tengan una **antigüedad superior a 12 años**, excluidos los que hayan sido calificados como vehículos históricos. Se aplicarán las siguientes cuotas fijas:
  - » 10 euros, para motocicletas y ciclomotores con cilindrada inferior o igual a 250 cc.
  - » 20 euros, para motocicletas con cilindrada superior a 250 cc. e inferior o igual a 550 cc.
  - » 35 euros, para motocicletas con cilindrada superior a 550 cc. e inferior o igual a 750 cc.
  - » 55 euros, para motocicletas con cilindrada superior a 750 cc.
  - » 40 euros, para automóviles tipo turismo, vehículos mixtos adaptables y vehículos todoterreno con cilindrada inferior o igual a 1.500 cc.
  - » 60 euros, para automóviles tipo turismo, vehículos mixtos adaptables y vehículos todoterreno, con cilindrada superior a 1.500 cc. e inferior o igual a 2.000 cc.
  - » 140 euros, para automóviles tipo turismo, vehículos mixtos adaptables y vehículos todoterreno, con cilindrada superior a 2.000 cc.

- La adquisición de automóviles tipo turismo, vehículos mixtos adaptables, vehículos todoterreno, motocicletas y ciclomotores, cuyo valor sea inferior a 20.000 euros y que tengan una **antigüedad superior a 5 años e inferior o igual a 12 años**, excluidos los que hayan sido calificados como vehículos históricos. Se aplicarán las siguientes cuotas fijas:
  - » 30 euros, para motocicletas y ciclomotores con cilindrada inferior o igual a 250 cc.
  - » 60 euros, para motocicletas con cilindrada superior a 250 cc e inferior o igual a 550 cc.
  - » 90 euros, para motocicletas con cilindrada superior a 550 cc. e inferior o igual a 750 cc.
  - » 140 euros, para motocicletas con cilindrada superior a 750 cc.
  - » 120 euros, para automóviles tipo turismo, vehículos mixtos adaptables y vehículos todoterreno con cilindrada inferior o igual a 1.500 cc.

> » 180 euros, para automóviles tipo turismo, vehículos mixtos adaptables y vehículos todoterreno, con cilindrada superior a 1.500 cc. e inferior o igual a 2.000 cc.

> » 280 euros, para automóviles tipo turismo, vehículos mixtos adaptables y vehículos todoterreno, con cilindrada superior a 2.000 cc.

- Los automóviles tipo turismo, vehículos mixtos adaptables, vehículos todoterreno, motocicletas y ciclomotores con **antigüedad inferior o igual a 5 años y cilindrada superior a 2.000 cc.**, inclu dos los de tecnología híbrida, o con valor igual o superior a 20.000 euros, las **embarcaciones de recreo** con más de 8 metros de eslora o con valor igual o superior a 20.000 euros, y los **objetos de arte y las antigüedades** según la definición que de los mismos se realiza en la LIP, que tributarán al tipo de gravamen del 8 %.

- Los **vehículos y embarcaciones** de cualquier clase **adquiridos al final de su vida útil** para su valorización y eliminación, en aplicación de la normativa en materia de residuos, que tributarán al tipo de gravamen del 2 %.

|| Extremadura

Por lo que respecta a Extremadura, ha hecho uso de sus facultades en materia de tributos en el Decreto Legislativo 1/2018, de 10 de abril, estableciendo para las adquisiciones de bienes muebles, en sus artículos 38 y 45, tipos de gravamen incrementado y tipos de gravamen reducido, respectivamente.

En su artículo 38 establece un tipo impositivo del **6 %** para las transmisiones onerosas de bienes muebles y semovientes, así como la constitución y cesión de derechos reales que recaigan sobre los mismos, a excepción de los derechos reales de garantía.

Por lo que respecta al tipo de gravamen reducido, esta comunidad autónoma establece en su artículo 45 un tipo del **4 %** para las transmisiones de vehículos comerciales e industriales ligeros usados, de hasta 3.500 kg de masa máxima autorizada. Su **aplicación queda condicionada** que la adquisición se efectúe por parte de contribuyentes que realicen actividades económicas sujetas al IRPF o al IS y que se afecten a la actividad.

|| Galicia

Galicia también ha hecho uso de sus facultades en materia de este impuesto en el Decreto Legislativo 1/2011, de 28 de julio.

Así las cosas, en la modalidad de transmisiones patrimoniales onerosas del ITPyAJD, ha establecido, en su artículo 14 del Decreto Legislativo, un tipo de **gravamen general** del 8 % para la transmisión de bienes muebles y semovientes, así como la constitución y cesión de derechos reales que recaigan sobre estos, a excepción de los derechos reales de garantía.

Además, ha establecido un tipo de **gravamen específico** para la transmisión de determinados **vehículos**:

- Del 3 %, para las transmisiones de medios de transporte terrestre usado, excepto que resulte de aplicación lo previsto en los apartados

2 y 3 del artículo 14.Seis del Decreto Legislativo, correspondientes a los dos puntos siguientes.

- Del **0 %**, en los siguientes casos:
  » Vehículos clasificados en el Registro de Vehículos con la categoría ambiental «0 emisiones», de conformidad con la clasificación establecida en el apartado E.2.a) del anexo II del Real Decreto 2822/1998, de 23 de diciembre, o norma que lo sustituya. Esta condición resultará acreditada mediante el correspondiente distintivo ambiental aprobado por la Dirección General de Tráfico.
  » Bicicletas, bicicletas de pedales con pedaleo asistido y vehículos de movilidad personal, de acuerdo con las definiciones reguladas en el apartado A) del anexo II del Real Decreto 2822/1998, de 23 de diciembre, o norma que lo sustituya.

- Se establece una **cuota fija** dependiente de la cilindrada del vehículo para la transmisión de automóviles turismo y todoterreno, con uso igual o superior a 15 años:
  » Para una cilindrada de hasta 1.199 cc., le corresponde una cuota de 22 euros.
  » Para una cilindrada de 1.200 cc. hasta 1.599 cc., le corresponde una cuota de 38 euros.

- Del **1 %**, para las transmisiones de embarcaciones de recreo y motores marinos.

|| La Rioja

La Rioja establece en la Ley 10/2017, de 27 de octubre, los tipos de gravamen aplicables en la modalidad de transmisiones patrimoniales onerosas del ITPyAJD en dicha comunidad.

Regula en su artículo 44 el **tipo de gravamen general** del **4 %** para las transmisiones de bienes muebles y semovientes, así como la constitución y cesión de derechos reales sobre los mismos, a excepción de los derechos reales de garantía.

La Rioja también contempla en su artículo 46 un **tipo reducido** aplicable a la adquisición onerosa de **bienes muebles inscritos en el Catálogo General del Patrimonio Histórico** del 3 %. La aplicación de este beneficio se encuentra **condicionado** por los siguientes requisitos:

- Que dichos bienes sean incorporados por el adquirente a una empresa, actividad o proyecto de carácter cultural.
- Que se acredite mediante certificación de la consejería competente en materia de cultura el cumplimiento de las obligaciones establecidas en la normativa sobre patrimonio histórico, especialmente las referidas a las transacciones de dichos bienes.

|| Madrid

La Comunidad Autónoma de Madrid establece, en el Decreto Legislativo 1/2010, de 21 de octubre, **bonificaciones** de la cuota tributaria por adquisición de bienes muebles y semovientes de escaso valor. Así se indica en su artículo 30 ter, en el que se establece que los sujetos pasivos que sean personas físicas que adquieran bienes muebles y semovientes cuyo **valor real sea inferior a 500 euros**, aplicarán una **bonificación del 100 %** de la cuota tributaria en la modalidad de transmisiones patrimoniales onerosas derivada de dicha adquisición. Esta bonificación **exceptúa de su aplicación** a las siguientes adquisiciones:

- Las realizadas por empresarios o profesionales a efectos del IVA o si el bien adquirido se destina o afecta a la actividad empresarial o profesional.

- Las de bienes fabricados con metales preciosos efectuadas por personas que estén obligadas a la llevanza del libro-registro a que hace referencia el artículo 91 del Real Decreto 197/1988, de 22 de febrero.

- Las de vehículos que deban constar inscritos en el registro general o en cualquiera de los especiales o auxiliares a que se refiere el artículo 2 del Real Decreto 2822/1998, de 23 de diciembre.

También se contempla, en la disposición transitoria segunda del Decreto Legislativo, la aplicación de un tipo impositivo del 0,5 % en la modalidad de transmisiones patrimoniales onerosas a las transmisiones de vehículos usados con motor mecánico para circular por carretera cuando dichos vehículos fuesen adquiridos en 2008 y 2009 con derecho a la exención provisional prevista en el artículo 45.I.B.17.° de la LITPyAJD, y no pueda elevarse a definitiva dicha exención.

|| Murcia

La regulación autonómica del ITPyAJD en Murcia se encuentra en el Decreto Legislativo 1/2010, de 5 de noviembre.

Esta comunidad autónoma ha establecido en el artículo 6.10 del Decreto Legislativo una **cuota fija**, en función de la cilindrada, respecto a las transmisiones onerosas por actos *inter vivos* de automóviles tipo turismo, todoterrenos, motocicletas, y demás vehículos con más de 12 años de antigüedad. Son las siguientes:

- Cuota de 0 euros, para aquellos con una cilindrada igual o inferior a 1.000 cc. Los sujetos pasitos del impuesto no estarán obligados a presentar la autoliquidación correspondiente respecto de las transmisiones objeto de este tipo de gravamen específico.

- Cuota fija de 30 euros, para aquellos con una cilindrada superior a 1.000 cc. e inferior o igual a 1.500 cc.

- Cuota fija de 50 euros, para aquellos con una cilindrada superior a 1.500 cc. e inferior o igual a 2.000 cc.

- Cuota fija de 75 euros, para aquellos con una cilindrada superior a 2.000 cc.

|| Ceuta y Melilla

Mención especial merecen las ciudades autónomas de Ceuta y Melilla, las cuales **no han asumido estas competencias**, por lo que su gestión corresponde a las Delegaciones de la AEAT de Ceuta y Melilla. Estas ciudades autónomas aplicarán un tipo del **4 %** para adquisición de bienes muebles, como se establece en la LITPyAJD. Además, contarán con **beneficios fiscales** al establecerse una **bonificación del 50 %** en el artículo 57 bis.3 de la LITPyAJD para las transmisiones de bienes muebles, semovientes o créditos, constitución y cesión de derechos reales sobre los mismos, cuyos adquirentes tengan su residencia habitual, si es persona física, o domicilio fiscal, si es persona jurídica, en Ceuta o Melilla.

2.2. En el IRPF (vendedor)

Incidencia en el IRPF

La compraventa de bienes muebles usados a particulares también tiene implicaciones fiscales en el IRPF del vendedor, pues puede generar ganancias o pérdidas, circunstancia que ha de ser considerada a efectos de calcular el IRPF.

Para determinar qué se considera ganancia o pérdida patrimonial a efectos del IRPF se ha de acudir a lo dispuesto en la LIRPF. Concretamente su artículo 33 establece que «*son ganancias y pérdidas patrimoniales las variaciones en el valor del patrimonio del contribuyente que se pongan de manifiesto con ocasión de cualquier alteración en la composición de aquél, salvo que por esta Ley se califiquen como rendimientos*».

Dicho artículo también establece que no se computarán como pérdidas patrimoniales, en lo que concierne a la compraventa de bienes muebles:

- Las no justificadas.
- Las debidas al consumo, como la pérdida de valor derivada de la utilización normal de un vehículo, por ejemplo.
- Las derivadas de la transmisión de elementos patrimoniales, cuando el transmitente vuelva a adquirirlos dentro del año siguiente a la fecha de dicha transmisión.

Para el cálculo del importe de las ganancias o pérdidas patrimoniales respecto de la compraventa, el artículo 34 de la LIRPF indica que, al ser una transmisión onerosa, se calculará por la diferencia entre los valores de adquisición y de transmisión de los elementos patrimoniales. En caso de haber realizado mejoras en los elementos patrimoniales transmitidos, se distinguirá la parte del valor de enajenación correspondiente a cada componente del mismo. Respecto al cálculo del valor de adquisición y de transmisión del bien a efectos del impuesto, el artículo 35 de la LIRPF establece:

«1. El valor de adquisición estará formado por la suma de:

a) El importe real por el que dicha adquisición se hubiera efectuado.

b) El coste de las inversiones y mejoras efectuadas en los bienes adquiridos y los gastos y tributos inherentes a la adquisición, excluidos los intereses, que hubieran sido satisfechos por el adquirente.

En las condiciones que reglamentariamente se determinen, este valor se minorará en el importe de las amortizaciones.

2. El valor de transmisión será el importe real por el que la enajenación se hubiese efectuado. De este valor se deducirán los gastos y tributos a que se refiere la letra b) del apartado 1 en cuanto resulten satisfechos por el transmitente.

Por importe real del valor de enajenación se tomará el efectivamente satisfecho, siempre que no resulte inferior al normal de mercado, en cuyo caso prevalecerá éste».

Por otra parte, la LIRPF contempla la exclusión de gravamen para aquellas ganancias patrimoniales que se pongan de manifiesto con ocasión de la transmisión de elementos patrimoniales por contribuyentes mayores de 65 años. Esto siempre que el importe total obtenido por la transmisión del elemento patrimonial se destine, en el plazo de seis meses, a constituir una renta vitalicia asegurada a su favor, en las condiciones que se determinen reglamentariamente. La cantidad máxima que al efecto podrá destinarse a constituir rentas vitalicias será de 240.000 euros. Cuando el importe reinvertido sea inferior al total de lo percibido en la transmisión, únicamente se excluirá de tributación la parte proporcional de la ganancia patrimonial obtenida que corresponda a la cantidad reinvertida y la anticipación, total o parcial, de los derechos económicos derivados de la renta vitalicia constituida, determinará el sometimiento a gravamen de la ganancia patrimonial correspondiente.

CUESTIÓN

Pedro, de 72 años de edad, vende un cuadro por valor de 25.000 euros, el cual previamente había adquirido por 19.800 euros. Al mes siguiente de la venta, constituye una renta vitalicia asegurada a su favor con el importe percibido por la venta del cuadro. ¿Está exenta de gravamen dicha ganancia patrimonial?

Sí, la ganancia obtenida por Pedro derivada de la venta del cuadro estará exenta de gravamen siempre que se cumplan las condiciones establecidas en el artículo 38.3 de la LIRPF y 42 del RIRPF, relativos a las ganancias excluidas de gravamen en supuestos de reinversión y exención por reinversión en rentas vitalicias, respectivamente.

|| Obligación de declarar por la venta de bienes muebles

Como se ha comentado con anterioridad, la compraventa de bienes muebles a particulares tiene incidencia en el IRPF del vendedor, pero ¿están todos los vendedores particulares de bienes muebles obligados a declarar por este impuesto?

Con carácter general, la respuesta la encontramos en el artículo 96 de la LIRPF, el cual establece la obligación de declarar señalando que «*los contribuyentes estarán obligados a presentar y suscribir declaración por este Impuesto, con los límites y condiciones que reglamentariamente se establezcan*». Esta obligación cuenta con excepciones, reguladas tanto en dicho artículo 96 de la LIRPF como en el artículo 61 del RIRPF.

Para determinar la obligación de declarar, se han de valorar las rentas obtenidas en su conjunto. Así las cosas, están **obligados a presentar la declaración por el IRPF** los siguientes contribuyentes:

- Los que hayan obtenido en el ejercicio rentas superiores a las cuantías que para cada clase o fuente se indican más abajo.

- Los que, independientemente de la cuantía y naturaleza o fuente de las rentas obtenidas, tuvieran derecho a aplicar el régimen transitorio de la deducción por inversión en vivienda habitual, la deducción por doble imposición internacional, o realizasen aportaciones a patrimonios protegidos de las personas con discapacidad, planes de pensiones, planes de previsión asegurados, planes de previsión social empresarial, seguros de dependencia o mutualidades de previsión social que reduzcan la base imponible, cuando ejerciten el correspondiente derecho.

- Los no obligados a declarar por razón de la cuantía y naturaleza o fuente de la renta obtenida en el ejercicio, que soliciten la devolución derivada de la normativa del IRPF que, en su caso, les corresponda.

- A partir de 2023, todas aquellas personas físicas que en cualquier momento del período impositivo hubieran estado de alta, como trabajadores por cuenta propia o autónomos:

  » En el RETA.

  » O en el RETM.

  En ambos casos, con independencia de la cuantía de sus rendimientos.

Por el contrario, **no están obligados** a presentar declaración por la cuantía y naturaleza de las rentas obtenidas los siguientes contribuyentes:

- Los que sus rentas procedan exclusivamente de las siguientes fuentes, siempre que no superen ninguno de los límites señalados en cada supuesto, en tributación individual o conjunta:

  » Rendimientos íntegros del trabajo cuyo importe no supere la cantidad de:

    ◆ 22.000 euros anuales, con carácter general.

    ◆ 15.876 euros anuales cuando (este límite se elevó a 15.876 por el Real Decreto-ley 4/2024, de 26 de junio, con efectos desde 1 de enero de 2024; con carácter previo había sido de 15.000 euros para el ejercicio 2023):

      * Los rendimientos del trabajo procedan de más de un pagador. No obstante lo anterior, este límite será de 22.000 euros anuales cuando:

        – Procediendo de más de un pagador, la suma de las cantidades percibidas del segundo y restantes pagadores, por orden de cuantía, no superen en su conjunto la cantidad de 1.500 euros anuales.

        – Se trate de pensionistas cuyos únicos rendimientos del trabajo consistan en las prestaciones pasivas a que se refiere el artículo 17.2.a) de la LIRPF procedentes de dos o más pagadores, siempre que el importe de las retenciones practicadas por estos fuese determinado por la Agencia Tributaria, previa solicitud del contribuyente al efecto, mediante el modelo 146, y se cumplan los siguientes requisitos:

- Que no haya aumentado a lo largo del ejercicio el número de los pagadores de prestaciones pasivas respecto de los inicialmente comunicados al formular dicha solicitud.

- Que el importe de las prestaciones efectivamente satisfechas por los pagadores no difiera en más de 300 euros anuales del comunicado inicialmente en la solicitud.

- Que no se haya producido durante el ejercicio ninguna otra de las circunstancias determinantes de un aumento del tipo de retención previstas en el artículo 87 del RIRPF.

* Se perciban pensiones compensatorias del cónyuge o anualidades por alimentos no exentas.

* El pagador de los rendimientos del trabajo no esté obligado a retener.

* Se perciban rendimientos íntegros del trabajo sujetos a tipo fijo de retención.

» Rendimientos íntegros del capital mobiliario y ganancias patrimoniales, siempre que hayan estado sometidos a retención o ingreso a cuenta y su cuantía global no supere la cantidad de 1.600 euros anuales.

Quedan excluidos del límite conjunto de 1.600 euros anuales las ganancias patrimoniales procedentes de transmisiones o reembolsos de acciones o participaciones de instituciones de inversión colectiva en las que la base de retención no proceda determinarla por la cuantía a integrar en la base imponible.

» Rentas inmobiliarias imputadas, rendimientos íntegros del capital mobiliario no sujetos a retención derivados de Letras del Tesoro y subvenciones para la adquisición de viviendas de protección oficial o de precio tasado y demás ganancias patrimoniales derivadas de ayudas públicas, con el límite conjunto de 1.000 euros anuales.

• Los contribuyentes que obtuviesen en el ejercicio exclusivamente rendimientos íntegros del trabajo, del capital o de actividades económicas, así como ganancias patrimoniales, sometidos o no a retención, hasta un importe máximo conjunto de 1.000 euros anuales y pérdidas patrimoniales de cuantía inferior a 500 euros, en tributación individual o conjunta.

A TENER EN CUENTA. No obstante, a partir de 1 de enero de 2023, están en cualquier caso obligadas a declarar todas aquellas personas físicas que en cualquier momento del período impositivo hubieran estado de alta, como trabajadores por cuenta propia, en el Régimen Especial de Trabajadores por Cuenta Propia o Autónomos, o en el Régimen Especial de la Seguridad Social de los Trabajadores del Mar.

Por lo tanto, se estará obligado a declarar cuando se cumpla lo establecido anteriormente. Por lo que respecta a la compraventa de bienes muebles, a la ganancia patrimonial derivada de la venta se le podrán restar pérdidas patrimoniales obtenidas en el ejercicio, teniendo en cuenta las normas tributarias y resultando así una menor tributación por dichas ganancias. Se ha de tener en cuenta que no se podrán computar las pérdidas de valor que se produjesen por la utilización normal de los bienes, como podría ser el supuesto general de compraventa de un vehículo. Los contribuyentes obligados a presentar y suscribir declaración por el IRPF deberán, al tiempo de presentar su declaración, determinar la deuda tributaria correspondiente e ingresarla en el lugar, forma y plazos determinados por el Ministerio de Hacienda.

|| Integración en la renta

Por lo que respecta a la integración de las ganancias y pérdidas patrimoniales, hemos de estar a lo dispuesto en el artículo 49 de la LIRPF. Este artículo señala que la base imponible del ahorro estará constituida por el saldo positivo de sumar, entre otros, el saldo positivo resultante de integrar y compensar, exclusivamente entre sí y en cada periodo impositivo, las ganancias y pérdidas patrimoniales obtenidas en el mismo a que se refiere el artículo 46 de la LIRPF, el cual en su apartado b) señala que constituirán renta del ahorro «*las ganancias y pérdidas patrimoniales que se pongan de manifiesto con ocasión de transmisiones de elementos patrimoniales*». Por lo tanto, las ganancias y pérdidas derivadas de la venta a particulares de bienes muebles se integrarán en la base imponible del ahorro.

CUESTIÓN

Si como particular vendo un coche de segunda mano que he visto en una plataforma digital, ¿qué tengo que tener en cuenta a efectos de calcular la ganancia o pérdida patrimonial? ¿Cómo declaro los ingresos?

Para responder a esta cuestión podemos recurrir a la reciente consulta del programa INFORMA n.º 147807, de febrero de 2025, que versa sobre la declaración de ingresos por la venta por un particular de bienes usados a través de internet, mediante plataformas o aplicaciones digitales, como es el caso de Wallapop, Vinted, etc. En ella se indica lo siguiente:

«Considerando que los bienes constituyen elementos del patrimonio personal, su venta dará lugar a una ganancia o pérdida patrimonial por diferencia entre los valores de adquisición y de transmisión, a integrar en la base imponible del ahorro.

No obstante, como con carácter general se trata de bienes de consumo duradero (vehículos, electrodomésticos, muebles, ordenadores, libros, ropa, etc.), a efectos del cálculo de la ganancia o pérdida hay que tener en cuenta que en estos casos:

– Habrá que minorar el valor de adquisición en la depreciación del valor por el uso y

– No procederá computar una pérdida patrimonial en la medida en que la pérdida de valor venga dada por su utilización normal.

Ejemplo: Un particular en 2025 vende por wallapop un vehículo por su valor de mercado, 10.998 euros. Lo compró en 2020 por 28.200 euros. Al venderse por su valor de mercado no existirá alteración patrimonial, toda vez que el resto del valor de adquisición ha sido consumido por el contribuyente.

El hecho de que se realicen las ventas a través de internet no influye en la calificación de las mismas, si bien se deberá conservar la justificación documental correspondiente a las compras y ventas realizadas, a fin de acreditar las fechas y los valores correspondientes».

De lo anterior se desprende que han de integrarse en la base imponible del ahorro, teniendo en cuenta que, cuando se trate de bienes de consumo duradero se ha de considerar que, a efectos de calcular la ganancia o pérdida patrimonial, se ha de minorar el valor de adquisición en la depreciación del valor por el uso y que **no procede computar pérdida patrimonial cuando esta venga dada por la utilización normal del bien.**

|| Tipo impositivo

Los tipos impositivos, estatal y autonómico, se encuentran recogidos en los artículos 66 y 76 de la LIRPF, respectivamente. Cada uno de esos artículos establece la siguiente tabla:

Base liquidable del ahorro - Hasta euros	Cuota íntegra - Euros	Resto base liquidable del ahorro - Hasta euros	Tipo aplicable - Porcentaje
0	0	6.000	9,5
6.000,00	570	44.000	10,5
50.000,00	5.190	150.000	11,5
200.000,00	22.440	100.000	13,5
300.000,00	35.940	En adelante	15

Además, el apartado 2 del artículo 66 de la LIRPF establece una escala de tipos para los contribuyentes que tuviesen su residencia habitual en el extranjero por concurrir alguna de las circunstancias a las que se refiere el apartado 2 del artículo 8 y el apartado 1 del artículo 10, ambos de la LIRPF.

A TENER EN CUENTA. Los artículos 66 y 76 de la LIRPF han sido modificados, con efectos desde el 1 de enero de 2025, por la disposición final 7.1 de la Ley 7/2024, de 20 de diciembre, quedando como aquí se ha expuesto. Esta modificación supuso, en lo que aquí respecta, una modificación para la base liquidable del ahorro hasta 300.000,00 euros, que pasó de un tipo aplicable del 14 % al 15 %. En lo relativo a los contribuyentes con residencia en el extranjero a que se refiere el artículo 66.2 de la LIRPF, los tipos también han sido modificados respecto a la base liquidable del ahorro hasta 300.000 euros, que pasó de un tipo aplicable del 28 % al 30 %.

|| Ganancias patrimoniales derivadas de adquisiciones anteriores a 31 de diciembre de 1994

La LIRPF estableció, en la disposición transitoria novena, un régimen transitorio aplicable a ganancias patrimoniales derivadas de elementos patrimoniales adquiridos con anterioridad a 31 de diciembre de 1994. En ella se establecen una serie de coeficientes reductores para la determinación del importe de las ganancias patrimoniales correspondientes a **transmisiones de elementos patrimoniales no afectos a actividades económicas** que fueran adquiridos con anterioridad a 31 de diciembre de 1994.

> **A TENER EN CUENTA**. A efectos de la disposición adicional, se consideran elementos patrimoniales no afectos a actividades económicas aquellos en los que la desafectación de estas actividades se produjese con más de tres años de antelación a la fecha de transmisión.

CUESTIONES

1. ¿Mediante qué modelo se declaran las ganancias y pérdidas patrimoniales?

Mediante el modelo 100, cuya denominación es «Modelo 100. Impuesto sobre la Renta de las Personas Físicas. Declaración anual».

2. Juana ha vendido un artículo de colección que se ha revalorizado en los últimos años por el doble de su precio de adquisición. Su precio de adquisición había sido de 1.750 euros. ¿Tiene que declarar la ganancia patrimonial derivada de la venta si Juana no percibe ingresos o rentas de ningún tipo?

Juana ha obtenido una ganancia patrimonial de 1.750 euros, puesto que la colección ha sido vendida por el doble de lo que le costó en su día (1.750 x 2 = 3.500 euros, ganancia patrimonial de 1.750 euros). Para determinar si está obligada a presentar declaración del IRPF derivada de dicha ganancia patrimonial se ha de acudir a lo dispuesto en los artículos 96 de la LIRPF y 61 del RIRPF. Así, en virtud de estos artículos, Juana está obligada a presentar declaración derivada de la ganancia obtenida pues obtuvo ganancias patrimoniales superiores a 1.000 euros anuales.

RESOLUCION ADMINISTRATIVA

Consulta vinculante de la Dirección General de Tributos (V0011-22), de 4 de enero de 2022

Asunto: tributación en el IRPF de venta de cartas de un determinado juego.

«En la medida en que las cartas del juego de rol "Magic" que va a vender el consultante constituyen elementos de su patrimonio personal —no proviniendo del desarrollo de ninguna actividad económica—, su venta dará lugar a ganancias o pérdidas patrimoniales por diferencia entre los valores de adquisición y de transmisión —de acuerdo con lo dispuesto en el artículo 34 de la Ley del Impuesto—, valores que vienen definidos en los artículos 35 y siguientes.

(...)

2. El valor de transmisión será el importe real por el que la enajenación se hubiese efectuado. De este valor se deducirán los gastos y tributos a que se refiere la letra b) del apartado 1 en cuanto resulten satisfechos por el transmitente.

Por importe real del valor de enajenación se tomará el efectivamente satisfecho, siempre que no resulte inferior al normal de mercado, en cuyo caso prevalecerá éste".

En el caso de que el cálculo realizado en aplicación de los preceptos anteriormente citados resultase una pérdida patrimonial (circunstancia improbable por la revalorización que se viene produciendo en las cartas de juegos de rol, en cuanto objetos de colección), el criterio que viene manteniendo este Centro (consultas nº V1967-10, V3286-13 y V1939-15) —en base a lo previsto en la letra b) del artículo 33.5 de la Ley del Impuesto, donde se establece que "no se computarán como pérdidas patrimoniales las debidas al consumo"— es que al tratarse de bienes de consumo duradero no procederá computar una pérdida patrimonial en la medida en que la pérdida de valor venga dada por su utilización normal.

A su vez, al corresponderse las cartas objeto de venta con elementos patrimoniales no afectos a actividades económicas, si existieran cartas adquiridas con anterioridad a 31 de diciembre de 1994 a las mismas les resultaría aplicable lo establecido en la disposición transitoria novena de la Ley del Impuesto (...)».

2.3. Otras

Otras implicaciones fiscales derivadas de la compraventa

En los apartados previos estudiamos la tributación básica de la operación en sí de compraventa de bienes usados a particulares, tanto para el comprador —en el ITPyAJD— como para el vendedor —en el IRPF—. Además, la propia operación también podrá implicar otros gastos para las partes (por ejemplo, si la adquisición debe acceder a algún registro o son necesarios cambios de titularidad, como ocurre con los vehículos, habrá que afrontar el pago de las tasas que correspondan). Sin embargo, lo cierto es que la adquisición de un bien mueble de segunda mano puede tener otras consecuencias fiscales en el medio o largo plazo, por ejemplo, cuando lo que se adquieran sean vehículos o elementos patrimoniales que se vayan a afectar a una actividad económica.

Si lo que se compra es algún bien mueble que se vaya a afectar a una actividad económica como inmovilizado (una máquina, un vehículo, etc.), el empresario, profesional o empresa adquirente podrá deducirse las cantidades que correspondan en concepto de amortización, conforme a las reglas que en cada caso resulten de aplicación. Además, cuando un comprador persona física adquiera muebles para afectarlos a un inmueble que se ceda en arrendamiento y por el que se generen rendimientos del capital inmobiliario (que no constituya, por lo tanto, una actividad económica a efectos del IRPF), también podrá deducirse las amortizaciones que correspondan conforme a lo previsto en el artículo 23.1.b) de la LIRPF y el artículo 14 del RIRPF.

Por otra parte, centrándonos en concreto en el supuesto de adquisición de **vehículos**, por su gran frecuencia en la práctica, parece interesante que hagamos una muy breve referencia a dos impuestos clave que no conviene olvidar: el Impuesto sobre Vehículos de Tracción Mecánica (IVTM, normalmente conocido como Impuesto de circulación) y el Impuesto Especial sobre Determinados Medios de Transporte (IEDMT, habitualmente conocido como Impuesto de matriculación).

A TENER EN CUENTA. Estas cuestiones, evidentemente, también serán extrapolables al supuesto en el que el bien de segunda mano se adquiera a un empresario, profesional o empresa.

RESOLUCIÓN ADMINISTRATIVA

Consulta vinculante de la Dirección General de Tributos (V0485-25), de 25 de marzo de 2025

Asunto: amortización en el IS del inmovilizado material que se compró usado (la consulta se refiere a inmuebles, pero el precepto también es aplicable al inmovilizado material).

«Se debe añadir que, puesto que en el caso planteado se trata de activos que han sido adquiridos por la consultante una vez iniciada su vida útil, cabría traer a colación el apartado 3 del artículo 4 del Reglamento del Impuesto sobre Sociedades aprobado por Real Decreto 634/2015, de 10 de julio (en adelante RIS):

"3. Tratándose de elementos patrimoniales del inmovilizado material e inversiones inmobiliarias que se adquieran usados, es decir, que no sean puestos en condiciones de funcionamiento por primera vez, el cálculo de la amortización se efectuará de acuerdo con los siguientes criterios:

a) Sobre el precio de adquisición, hasta el límite resultante de multiplicar por 2 la cantidad derivada de aplicar el coeficiente de amortización lineal máximo.

b) Si se conoce el precio de adquisición o coste de producción originario, éste podrá ser tomado como base para la aplicación del coeficiente de amortización lineal máximo.

c) Si no se conoce el precio de adquisición o coste de producción originario, el contribuyente podrá determinar aquél pericialmente. Establecido dicho precio de adquisición o coste de producción se procederá de acuerdo con lo previsto en la letra anterior.

Tratándose de elementos patrimoniales usados adquiridos a entidades pertenecientes a un mismo grupo de sociedades, según los criterios establecidos en el artículo 42 del Código de Comercio, con independencia de la residencia y de la obligación de formular cuentas anuales consolidadas, la amortización se calculará de acuerdo con lo previsto en la letra b), excepto si el precio de adquisición hubiese sido superior al originario, en cuyo caso la amortización deducible tendrá como límite el resultado de aplicar al precio de adquisición el coeficiente de amortización lineal máximo.

A los efectos de este apartado no se considerarán como elementos patrimoniales usados los edificios cuya antigüedad sea inferior a diez años."».

IVTM o Impuesto de circulación

Este impuesto se encuentra regulado en el Real Decreto Legislativo 2/2004, de 5 de marzo (LRHL), concretamente en los artículos 92 a 99, la disposición adicional primera, las disposiciones transitorias quinta, decimocuarta y decimonovena.

Es un tributo directo que grava la **titularidad de los vehículos** de esta naturaleza, **aptos para circular por las vías públicas**, cualesquiera que sean su clase y categoría.

Los sujetos pasivos de este impuesto son las personas físicas o jurídicas, así como las entidades a que se refiere el artículo 35.4 de la LGT, a cuyo nombre conste el vehículo en el permiso de circulación y corresponde al ayuntamiento del domicilio que conste en el permiso de circulación del vehículo su gestión, liquidación, inspección y recaudación, así como la revisión de los actos dictados en vía de gestión tributaria.

No se encuentran sujetos a este impuesto:

- Los vehículos que, habiendo sido dados de baja en los registros por antigüedad de su modelo, puedan ser autorizados para circular excepcionalmente con ocasión de exhibiciones, certámenes o carreras limitadas a los de esta naturaleza.

- Los remolques y semirremolques arrastrados por vehículos de tracción mecánica cuya carga útil no sea superior a 750 kg.

El artículo 93 del Real Decreto Legislativo 2/2004, de 5 de marzo, contempla exenciones respecto al impuesto indicando una particularidad para los contenidos en las letras e) y g) del artículo 93.1 (vehículos para personas de movilidad reducida a que se refiere el apartado A del anexo II del Reglamento General de Vehículos, vehículos matriculados a nombre de personas con discapacidad, así como tractores, remolques, semirremolques y maquinaria provistos de Cartilla de Inspección Agrícola), pues deberán instar su concesión.

El impuesto se exigirá con arreglo al cuadro de tarifas establecido en el artículo 95 de la LRHL, el cual podrá ser incrementado por los ayuntamientos mediante la aplicación sobre ellas de un coeficiente. Asimismo, podrán regular bonificaciones conforme a lo dispuesto en dicho artículo.

Por lo que respecta al periodo impositivo, este coincide con el año natural, a excepción de la primera adquisición de los vehículos (caso en el que el devengo comenzará el día en el que produzca esa adquisición). El impuesto se devenga el primer día del período impositivo.

Por lo tanto, **nos encontramos con que la compra de un vehículo de segunda mano implica el pago anual del IVTM.**

CUESTIÓN

¿A quién corresponde el pago del IVTM en el supuesto en que la compraventa se produzca en julio de 2025, al vendedor o al comprador?

El pago del importe correspondiente al IVTM corresponderá al vendedor, pues cuando el impuesto se devengó este todavía mantenía la titularidad del vehículo.

IEDMT o Impuesto de matriculación

Se trata de un impuesto especial regulado en los artículos 65 y siguientes de la Ley 38/1992, de 28 de diciembre (LIIEE), que **grava la primera matriculación definitiva en España** de vehículos automóviles nuevos o usados accionados por motor para circular por vías y terrenos públicos, con algunas excepciones de no sujeción o exención, así como determinadas embarcaciones y aeronaves.

En lo que nos concierne, este impuesto resulta de aplicación en aquellos supuestos en que se realiza la primera matriculación definitiva en España de un vehículo usado, embarcación o aeronave, siendo sujetos pasivos del mismo:

- Las personas o entidades a cuyo nombre se realice la primera matriculación definitiva del medio de transporte.

- En los casos previstos en el artículo 65.1.d) de la LIIEE, las personas o entidades a que se refiere la disposición adicional primera de dicha ley.

- En los casos previstos en el artículo 65.3 de la LIIEE, las personas o entidades a cuyo nombre esté matriculado el medio de transporte.

> **A TENER EN CUENTA**. Este impuesto especial resulta aplicable en todo el territorio español, sin perjuicio de las particularidades del País Vasco y Navarra.

La LIIEE contempla, en su artículo 66, exenciones al impuesto, como son la primera matriculación definitiva o, en su caso, la circulación o utilización de determinados medios de transporte, enumerados en el apartado 1 del artículo, como los vehículos considerados como taxis, autotaxis o autoturismos por la legislación vigente o los vehículos automóviles matriculados a nombre de personas con discapacidad para su uso exclusivo —siempre que, respecto a estos últimos, concurran los requisitos establecidos en el artículo 66.1.d) de la LIIEE—.

El artículo 68 de la LIIEE prevé que el **devengo del impuesto** se producirá en el momento en que el sujeto pasivo presente la solicitud de la primera matriculación definitiva del medio de transporte. En los casos previstos en el artículo 65.1.d) de la LIIEE, el impuesto se devengará el día siguiente a la finalización del plazo al que alude dicha letra y en los supuestos previstos en el artículo 65.3 de la LIIEE, el impuesto se devengará en el momento en que se produzca la modificación de las circunstancias o requisitos que motivaron la no sujeción o exención del impuesto.

La **base imponible** en los medios de transporte usados estará constituida, a tenor de lo dispuesto en el artículo 69 de la LIIEE, por **su valor de mercado en la fecha de devengo** del impuesto.

> **CUESTIÓN**
>
> **En aquellos supuestos en que los medios de transporte hayan estado matriculados en el extranjero previamente a su adquisición y que se sean objeto de primera matriculación definitiva en España teniendo la condición de usados, ¿qué sucede con el valor de mercado?**
>
> En estos supuestos, del valor de mercado se minorará, en la medida en que estuviera incluido en el mismo, el importe residual de las cuotas de los impuestos indirectos que habrían sido exigibles, sin ser deducibles, en el caso de que el medio de transporte hubiera sido objeto de primera matriculación definitiva en España hallándose en estado nuevo. A estos efectos, el citado importe residual se determinará aplicando sobre el valor de mercado del medio de transporte usado en el momento del devengo un porcentaje igual al que, en su día, hubieran representado las cuotas de tales impuestos en el precio de venta, impuestos incluidos, del indicado medio de transporte en estado nuevo.

Para determinar el valor de mercado, los sujetos pasivos podrán utilizar los precios medios de venta aprobados al efecto por la persona titular del Ministerio de Hacienda que estuviesen vigentes en la fecha de devengo del impuesto. En los casos en que sea aplicable la minoración a que se refiere la cuestión anterior, la persona titular del Ministerio de Hacienda establecerá el procedimiento para determinar la parte de dichos precios medios que corresponde al importe residual de las cuotas de los impuestos indirectos soportadas.

Por lo que respecta a la cuota, esta se obtendrá aplicando los tipos impositivos que establece el artículo 70 de la LIIEE.

3.
INCIDENCIA FISCAL DE LA COMPRAVENTA DE BIENES USADOS A EMPRESAS O AUTÓNOMOS QUE ACTÚAN EN EL MARCO DE SU ACTIVIDAD ECONÓMICA

Tratamiento fiscal de la compraventa de bienes usados si el vendedor es empresario, profesional o empresa actuando como tal

Las transmisiones de bienes muebles usados (ropa, vehículos, enseres, etc.) realizadas por vendedores que sean personas físicas particulares, que actúen al margen de una actividad económica, se someten a tributación en dos impuestos diferentes:

- El **ITPyAJD**, desde el punto de vista del comprador.

- El **IRPF**, por lo que se refiere al vendedor, para el caso de que obtenga una ganancia patrimonial.

Sin embargo, en aquellos supuestos en los que el transmitente actúe en el marco de su actividad económica, la cosa se complica un poco. Y es que, cuando **el vendedor sea un empresario, profesional o empresa**, que realice la operación en su condición de tal, junto con los impuestos ya mencionados (o en su lugar), entrarán en juego otros dos: el **Impuesto sobre el Valor Añadido (IVA)** y el **Impuesto sobre Sociedades (IS)**.

Profundizaremos sobre ello en los apartados siguientes, aunque con carácter previo podemos esbozar el siguiente esquema:

- Fiscalidad indirecta. Si el vendedor es una empresa, empresario o profesional, que actúa en su condición de tal y transmite un bien del patrimonio empresarial, la regla general será que la operación quede sometida al IVA; aunque, en ciertos supuestos específicos, también podrá entrar en juego el ITPyAJD. Será el comprador quien soporte o efectúe el pago de estos impuestos.

- Fiscalidad directa. El vendedor particular declarará como tal la ganancia que, en su caso, pueda obtener al hacer la declaración del IRPF. Sin embargo, quien venda en el marco de su actividad económica tributará por los ingresos que obtenga como rendimientos de actividades económicas o como ganancias en su IRPF (si es persona física) o bien en el IS (tratándose de personas jurídicas).

A TENER EN CUENTA. Conviene resaltar que, al hablar de empresas, empresarios y profesionales, no solo nos referimos a aquellos que se dediquen a la venta de bienes usados. También comprendemos a aquellos otros que en algún momento vendan determinados bienes muebles que tenían afectos a su actividad económica (como podría ser un vehículo o una máquina, por ejemplo).

3.1. En el IVA, con especial estudio del REBU o en el ITPyAJD (ciertos casos)

La fiscalidad indirecta de la compraventa de bienes muebles usados o de segunda mano a un autónomo o empresa

Cuando los bienes muebles de segunda mano **se adquieran a un empresario, profesional o empresa que los venda en el marco de su actividad económica o que los tuviera afectos a su actividad,** la regla general será que la operación quede sujeta al **Impuesto sobre el Valor Añadido (IVA)**. Por ejemplo, si se adquiere un vehículo usado en un negocio dedicado a la compraventa de ese tipo de bienes, parece claro que se pagará el IVA; y también cuando se compre ropa usada en una tienda de productos de segunda mano.

Sin embargo, la cuestión podría no ser tan simple en aquellos casos en los que el vendedor no se dedique a la compraventa de bienes segunda mano, sino a otra actividad diferente, y decida transmitir a título oneroso un elemento patrimonial que tenía afecto a esa actividad, como podría ser una máquina, una herramienta o un vehículo. Entonces, para conocer la fiscalidad indirecta de la operación habrá que tener en cuenta un elemento clave adicional: el grado de afectación del bien a la actividad. Habrá que ver si el bien que se vende estaba afecto a la actividad del vendedor en su totalidad o solo en parte, ya que, en este último caso, también entraría en juego en cierta medida el ITPyAJD.

A TENER EN CUENTA. Como apuntábamos en la introducción, nos limitaremos en exclusiva a analizar la tributación de aquellas compraventas de bienes muebles de segunda mano que se realicen en territorio español, por lo que no entraremos en el régimen aplicable en caso de importación o exportación, ni en los de entrega o adquisición intracomunitaria, de mayor complejidad, cuyo

---

desarrollo excede del objeto de esta guía y se aborda en otras específicas del impuesto. Además, dado el enfoque de la misma, también nos centraremos en el estudio de los supuestos de venta o transmisión a título oneroso a un tercero, sin abordar las transmisiones a título gratuito ni los autoconsumos.

RESOLUCIÓN ADMINISTRATIVA

Consulta vinculante de la Dirección General de Tributos (V1681-21), de 31 de mayo de 2021

Asunto: delimitación entre IVA e ITPyAJD en caso de venta de maquinaria agrícola usada.

«(...) la consultante tiene la condición de empresario o profesional y estarán sujetas al Impuesto sobre el Valor Añadido las entregas de bienes y prestaciones de servicios que en el ejercicio de su actividad empresarial o profesional realice en el territorio de aplicación del Impuesto.

En cambio, las entregas que le realicen particulares no resultarán sujetas al Impuesto sobre el Valor Añadido, dado que los transmitentes no tienen la condición de empresario o profesional requerida por la Ley 37/1992, tributando en su caso por el Impuesto sobre Transmisiones Patrimoniales y Actos Jurídicos Documentados.

En efecto, la delimitación entre el Impuesto sobre el Valor Añadido y el Impuesto sobre Transmisiones Patrimoniales y Actos Jurídicos Documentados debe realizarse atendiendo exclusivamente a la condición del transmitente. Habrá que determinar en cada caso concreto si el transmitente de un bien o derecho ostenta la condición de empresario o profesional y si dicha transmisión se ha realizado en el ejercicio de su actividad empresarial o profesional, siendo irrelevante a los efectos de determinar el tributo aplicable la condición jurídica del adquirente de los bienes o derechos».

Compra a autónomo o empresa dedicados a la reventa de bienes usados

Están sujetas al IVA las entregas de bienes y prestaciones de servicios realizadas en el ámbito espacial del impuesto por empresarios o profesionales a título oneroso y con carácter habitual u ocasional, en el desarrollo de su actividad empresarial o profesional, incluso si se efectúan en favor de los propios socios, asociados, miembros o partícipes de las entidades que las realicen (artículo 4 de la LIVA). A estos efectos, se considera que tienen la condición de empresarios o profesionales, entre otros, las personas o entidades que realicen actividades empresariales o profesionales, entendidas como aquellas que impliquen la ordenación por cuenta propia de factores de producción materiales y humanos o de uno de ellos, con la finalidad de intervenir en la producción o distribución de bienes o servicios. En particular, según indica el artículo 5.Dos de la LIVA, tendrán tal consideración *«las actividades extractivas, de fabricación, comercio y prestación de servicios, incluidas las de artesanía, agrícolas, forestales, ganaderas, pesqueras, de construcción, mineras y el ejercicio de profesiones liberales y artísticas».*

Ahora bien, no tendrán la consideración de empresarios o profesionales quienes realicen exclusivamente entregas de bienes o prestaciones de servicios a título gratuito, sin perjuicio del hecho de que las sociedades mercantiles se presuman como empresarios o profesionales salvo prueba en contrario.

A su vez, según el artículo 8 de la LIVA, se entiende por entrega de bienes la transmisión del poder de disposición sobre bienes corporales, incluso si se efectúa mediante cesión de títulos representativos de dichos bienes.

Por lo tanto, **los autónomos o empresas que se dediquen a la compraventa de bienes muebles usados** (ropa, vehículos, mobiliario, etc.) tendrán la consideración de **empresarios o profesionales a los efectos del IVA y las ventas que realicen de esos productos constituirán entregas de bienes sujetas al IVA**.

En la mayoría de los supuestos, el tipo impositivo a aplicar será el general del impuesto, del **21 %**, aunque para **determinados bienes se establecen tipos reducidos**. Por lo que aquí nos interesa, cabría destacar, por ejemplo, los siguientes tipos reducidos:

- Tipo de IVA reducido del 10 %:

  » Entregas de equipos médicos, aparatos y demás instrumental, relacionados en el apartado octavo del anexo de la LIVA, que por sus características objetivas, estén diseñados para aliviar o tratar deficiencias, para uso personal y exclusivo de personas que tengan deficiencias físicas, mentales, intelectuales o sensoriales, sin perjuicio de los casos en los que pueda aplicarse el tipo reducido del 4 % [artículo 91.Uno.1.6.°.c) de la LIVA]. Por ejemplo, dentro de esta categoría entrarían las sillas de ruedas, muletas, plataformas elevadoras para sillas de ruedas o grúas para movilizar a personas con discapacidad. No se incluyen otros accesorios, recambios y piezas de repuesto de los bienes.

  » Entregas de objetos de arte realizadas por sus autores o derechohabientes, o bien por empresarios o profesionales distintos de los revendedores de objetos de arte a que se refiere el artículo 136 de la LIVA, cuando tengan derecho a deducir íntegramente el IVA soportado por repercusión directa o satisfecho en la adquisición o importación del mismo bien (artículo 91.Uno.4 de la LIVA).

- Tipo de IVA reducido del 4 %:

  » Entregas de libros, periódicos y revistas, incluso cuando tengan la consideración de servicios prestados por vía electrónica, que no contengan única o fundamentalmente publicidad y no consistan íntegra o predominantemente en contenidos de vídeo o música audible, así como los elementos complementarios que se entreguen conjuntamente con aquellos mediante precio único (artículo 91.Dos.1.2.° de la LIVA). Tendrán la consideración de elementos complementarios las cintas magnetofónicas, discos, videocasetes y otros soportes sonoros o videomagnéticos similares que constituyan una unidad funcional con el libro, periódico o revista, perfeccionando o completando su contenido y que se vendan con ellos, con ciertas excepciones. Se entenderá que los libros, periódicos y revistas contienen fundamentalmente publicidad cuando más del

90 % de los ingresos que proporcionen a su editor se obtengan por este concepto. Se considerarán comprendidas las partituras, mapas y cuadernos de dibujo, excepto los artículos y aparatos electrónicos.

» Entregas de vehículos para personas con movilidad reducida en el sentido que indica el anexo I del Real Decreto Legislativo 6/2015, de 30 de octubre, por el que se aprueba el texto refundido de la Ley sobre Tráfico, Circulación de Vehículos a Motor y Seguridad Vial, y las sillas de ruedas para uso exclusivo de personas con discapacidad (artículo 91.Dos.1.4.° de la LIVA). También se aplicará en las entregas de vehículos destinados a ser utilizados como autotaxis o autoturismos especiales para el transporte de personas con discapacidad en silla de ruedas, bien directamente o previa su adaptación, así como los vehículos a motor que, previa adaptación o no, deban transportar habitualmente a personas con discapacidad en silla de ruedas o con movilidad reducida, con independencia de quien sea el conductor de los mismos. La aplicación del tipo impositivo reducido a estos últimos vehículos exigirá el previo reconocimiento del derecho del adquirente, que deberá justificar el destino del vehículo. Para aplicar el tipo reducido en caso de entrega de vehículos para el transporte habitual de personas con movilidad reducida o para el transporte de personas con discapacidad en silla de ruedas, será necesario que concurran los requisitos que establece el artículo 26 bis.Dos del RIVA (en general, que hayan transcurrido al menos cuatro años desde la adquisición de otro vehículo en análogas condiciones, salvo en caso de siniestro total o baja definitiva, y que no sean objeto de una transmisión posterior por actos *inter vivos* durante el plazo de cuatro años siguientes a su fecha de adquisición).

La actividad de compraventa de bienes usados tributará en el IVA en el régimen general, siempre que no resulte de aplicación ninguno de los regímenes especiales del impuesto, cuando el sujeto pasivo renuncie a ellos o bien cuando quede excluido de su ámbito por el motivo que sea. En dicho régimen, el empresario o profesional repercutirá el IVA al adquirente aplicando el tipo que proceda sobre el importe total de la contraprestación, que actuará como base imponible. Paralelamente, el empresario o profesional soportará el IVA que le repercutan sus proveedores por las adquisiciones de bienes o servicios destinados a la actividad, que podrá deducir conforme a las reglas generales que se establecen en los artículos 92 y siguientes de la LIVA.

Por lo demás, de entre los distintos regímenes especiales que recoge el título IX de la LIVA, existe uno que resulta de particular interés para aquellos autónomos o empresas que se dediquen a la reventa de bienes de segunda mano o usados: el **régimen especial de los bienes usados, objetos de arte, antigüedades y objetos de colección, más conocido como REBU**, previsto en el capítulo IV del título IX de la LIVA (artículos 135 a 139). Se trata de un régimen voluntario, que podrán aplicar los revendedores de ese tipo de bienes, siempre que se cumplan los requisitos exigidos por la normativa, aunque podrán aplicar el régimen general del impuesto a cualquiera de dichas operaciones. Lo estudiaremos en los siguientes epígrafes, por lo que, en este momento, nos limitaremos a señalar dos grandes particularidades frente al régimen general: en el REBU, el tipo impositivo del IVA se aplicará sobre el margen de beneficio que se obtenga (no sobre toda la contraprestación) y el IVA soportado al adquirir los bienes que se revendan no será deducible.

CUESTIONES

1. ¿Cuál es el ámbito espacial de aplicación del IVA español?

El ámbito espacial de aplicación del impuesto comprende la Península e Islas Baleares, quedando excluidas Ceuta, Melilla y Canarias. También incluye las islas adyacentes, el mar territorial hasta el límite de 12 millas náuticas y el espacio aéreo correspondiente a dicho ámbito (artículo 3 de la LIVA).

2. ¿Qué sucedería si la operación se realizase en Canarias, Ceuta o Melilla y procediera el IVA?

Canarias, Ceuta y Melilla cuentan con impuestos indirectos propios que, en principio, se aplican en lugar del IVA. En Canarias, se aplica el Impuesto General Indirecto Canario (IGIC); y, en Ceuta y Melilla, el Impuesto sobre la Producción, los Servicios y la Importación en las Ciudades de Ceuta y Melilla (IPSI). En su caso, habría que ver si la operación tendría que quedar sujeta a alguno de ellos de acuerdo con la Ley 20/1991, de 7 de junio, de modificación de los aspectos fiscales del Régimen Económico Fiscal de Canarias, y la Ley 8/1991, de 25 de marzo, por la que se aprueba el arbitrio sobre la producción y la importación en las ciudades de Ceuta y Melilla.

3. El régimen especial del recargo de equivalencia es otro régimen especial del IVA, pero de carácter obligatorio, que se regula en el capítulo VII del título IX de la LIVA, aplicable a los comerciantes minoristas que sean personas físicas o entidades en régimen de atribución de rentas en el IRPF y que desarrollen su actividad en determinados sectores económicos, en las condiciones que señala la normativa. ¿Podrá aplicarse este régimen en relación con la venta de bienes de segunda mano?

No, pues el artículo 59.2.8.º del RIVA señala que el régimen especial del recargo de equivalencia no será de aplicación en ningún caso en relación con los «bienes que hayan sido utilizados por el sujeto pasivo transmitente o por terceros con anterioridad a su transmisión». Por lo tanto, tal y como concluye la Dirección General de Tributos en su consulta vinculante (V0517-24), de 9 de abril de 2024, dicho régimen especial está «expresamente excluido para los bienes que hayan sido utilizados con anterioridad (bienes de segunda mano)».

RESOLUCIONES ADMINISTRATIVAS

Consulta vinculante de la Dirección General de Tributos (V2545-23), de 25 de septiembre de 2023

Asunto: vehículos para personas con movilidad reducida que permiten aplicar el tipo de IVA del 4 % (además, tendrán que cumplirse las condiciones que exige el artículo 26 bis del RIVA).

«(...) el número 11 de su Anexo I [del Real Decreto Legislativo 6/2015, de 30 de octubre], dispone lo siguiente:

"A los efectos de esta ley y sus disposiciones complementarias, se entiende por:

(...)

11. Vehículo para personas de movilidad reducida. Vehículo cuya tara no sea superior a 350 kilogramos y que, por construcción, no puede alcanzar en llano una velocidad superior a 45 km/h, proyectado y construido especialmente (y no meramente adaptado) para el uso de personas con alguna disfunción o incapacidad física. En cuanto al resto de sus características técnicas se les equipara a los ciclomotores de tres ruedas.".

En relación con "los vehículos a motor que, previa adaptación o no, deban transportar habitualmente a personas con discapacidad en silla de ruedas o con movilidad reducida, con independencia de quién sea el conductor de los mismos", indicados en el segundo párrafo del citado artículo 91.Dos.1.4º, el Anexo II del Real Decreto 2822/1998, de 23 de diciembre, por el que se aprueba el Reglamento General de Vehículos (BOE del 26 de enero de 1999) recoge la siguiente definición de vehículo a motor: "Vehículo provisto de motor para su propulsión. Se excluyen de esta definición los ciclomotores, los tranvías y los vehículos para personas de movilidad reducida". Dicha definición se recoge asimismo en el número 12 del Anexo I del texto refundido de la Ley sobre Tráfico, Circulación de Vehículos a Motor y Seguridad Vial, aprobado por el Real Decreto Legislativo 6/2015, de 30 de octubre.

Por tanto, desde un punto de vista objetivo, los vehículos a motor mencionados en la Ley 37/1992 serían, en principio, todos aquellos incluidos en la anterior definición, a excepción de ciclomotores, tranvías y vehículos para personas de movilidad reducida. En una primera aproximación, dicha definición abarcaría a turismos, vehículos comerciales o industriales, motocicletas, etc.

Sin embargo, no todos los vehículos a motor englobados en la definición ofrecida por el Reglamento General de Vehículos son aptos para la aplicación del tipo impositivo del 4 por ciento a su adquisición. En efecto, la Ley exige que se trate de vehículos que deban transportar habitualmente a personas con discapacidad en silla de ruedas o con movilidad reducida. Ello llevaría a considerar que el vehículo en cuestión debe ser adecuado para poder llevar a cabo el citado transporte.

Dado que quienes deben ser transportados son personas con discapacidad en silla de ruedas o con movilidad reducida, el vehículo debe tener capacidad suficiente para trasladar al discapacitado en su silla de ruedas, en el primer caso. Tratándose de personas con movilidad reducida, el vehículo también debe ser apto para el transporte de las mismas, por lo que una motocicleta no cumpliría este requisito».

Consulta vinculante de la Dirección General de Tributos (V0399-21), de 25 de febrero de 2021

Asunto: tratamiento en IVA de la adquisición de un vehículo para persona con discapacidad a un empresario en régimen general o en REBU

«4.- En el supuesto que la adquisición tenga lugar en el territorio de aplicación del Impuesto español, debemos distinguir entre compras a sujetos pasivos sujetas al régimen general del Impuesto y compras a sujetos pasivos que aplican el régimen especial de bienes usados, objetos de arte, antigüedades y objetos de colección.

4.1) Sujetos pasivos que aplican el régimen general.

La operación de compra del vehículo, tanto si el vehículo es nuevo como si no lo es, será una entrega interior sujeta al Impuesto a la que podría ser de aplicación lo dispuesto en el artículo 91.dos.1.4º de la citada Ley 37/1992 (…)

En consecuencia, para la aplicación del tipo del 4 por ciento a la adquisición del vehículo objeto de consulta deberán cumplirse los requisitos detallados en los artículos transcritos anteriormente debiendo destacarse, en todo caso, la necesidad del previo reconocimiento del derecho por parte de la Agencia Estatal de Administración Tributaria previa solicitud del interesado.

4.2) Compra del vehículo a un sujeto pasivo que aplica el régimen especial de bienes usados, objetos de arte, antigüedades y objetos de colección.

(...)

El revendedor que aplique el régimen especial cargará sobre el margen de beneficio determinado en el artículo 137 de la Ley del Impuesto el tipo del Impuesto que corresponda al adquirente del vehículo, sin que pueda consignarse separadamente en factura la cuota repercutida. En todo caso, la aplicación del tipo reducido del 4 por ciento estaría sujeta a los mismos requisitos que se señalaron para la hipótesis de que se aplique el régimen general».

El régimen especial de los bienes usados, objetos de arte, antigüedades y objetos de colección (REBU)

El régimen especial de los bienes usados, objetos de arte, antigüedades y objetos de colección (REBU) es un régimen especial del IVA de carácter voluntario, cuya regulación se contiene en los artículos 135 y siguientes de la LIVA. Se aplicará exclusivamente a los **sujetos pasivos que hayan presentado la declaración relativa al comienzo de las actividades** que determinan su sujeción al impuesto (declaración censal, modelo 036), **salvo renuncia** de los mismos, que podrá realizarse para cada operación en particular y sin comunicación expresa a la Administración.

Podrán aplicar este régimen especial los sujetos pasivos **revendedores de bienes usados o de bienes muebles que tengan la consideración de objetos de arte, antigüedades u objetos de colección:**

- A estos efectos, se considera revendedor a aquel empresario que realice con carácter habitual entregas de los bienes mencionados, que hubieran sido adquiridos o importados para su posterior reventa. También tendrá tal condición el organizador de ventas en subasta pública de dichos bienes, cuando actúe en nombre propio en virtud de un contrato de comisión de venta.

- Serán **bienes usados** los bienes muebles corporales susceptibles de uso duradero que, habiendo sido utilizados con anterioridad por un tercero, sean susceptibles de nueva utilización para sus fines específicos. Ahora bien, no tendrán tal consideración:

  » Los materiales de recuperación, los envases, los embalajes, el oro, el platino y las piedras preciosas.

  » Los bienes que hayan sido utilizados, renovados o transformados por el propio sujeto pasivo transmitente o por su cuenta. En este sentido, se considerarán de renovación las operaciones que tengan por finalidad el mantenimiento de las características originales de los bienes cuando su coste exceda del precio de adquisición de los mismos.

- Serán objetos de arte los siguientes bienes:

  » Cuadros, *collages* y cuadros de pequeño tamaño similares, pinturas y dibujos, realizados totalmente a mano por el artista, con excepción de los planos de arquitectura e ingeniería y demás dibujos industriales, comerciales, topográficos o similares, de los artículos manufacturados decorados a mano, de los lienzos pintados para decorados de teatro, fondos de estudio o usos análogos (código NC 9701).

» Grabados, estampas y litografías originales de tiradas limitadas a 200 ejemplares, en blanco y negro o en color, que procedan directamente de una o varias planchas totalmente ejecutadas a mano por el artista, cualquiera que sea la técnica o la materia empleada, a excepción de los medios mecánicos o fotomecánicos (código NC 9702 00 00).

» Esculturas originales y estatuas de cualquier materia, siempre que hayan sido realizadas totalmente por el artista; vaciados de esculturas, de tirada limitada a ocho ejemplares y controlada por el artista o sus derechohabientes (código NC 9703 00 00).

» Tapicerías (código NC 5805 00 00) y textiles murales (código NC 6304 00 00) tejidos a mano sobre la base de cartones originales realizados por artistas, a condición de que no haya más de ocho ejemplares de cada uno de ellos.

» Ejemplares únicos de cerámica, realizados totalmente por el artista y firmados por él.

» Esmaltes sobre cobre realizados totalmente a mano, con un límite de ocho ejemplares numerados y en los que aparezca la firma del artista o del taller, a excepción de los artículos de bisutería, orfebrería y joyería.

» Fotografías tomadas por el artista y reveladas e impresas por el autor o bajo su control, firmadas y numeradas con un limite de treinta ejemplares en total, sean cuales fueren los formatos y soportes.

• Serán objetos de colección los bienes enumerados a continuación:

» Sellos de correos, timbres fiscales, marcas postales, sobres primer día, artículos franqueados y análogos, obliterados, o bien sin obliterar que no tengan ni hayan de tener curso legal (código NC 9704 00 00).

» Colecciones y especímenes para colecciones de zoología, botánica, mineralogía o anatomía, o que tengan interés histórico, arqueológico, paleontológico, etnográfico o numismático (código NC 9705 00 00).

• Finalmente, se consideran antigüedades los objetos que tengan más de 100 años de antigüedad y no sean objetos de arte o de colección (código NC 9706 00 00).

> **A TENER EN CUENTA**. En ningún caso se aplicará este régimen especial al oro de inversión, entendido en el sentido que especifica el artículo 140 de la LIVA.

Estos revendedores podrán aplicar este régimen especial a las siguientes entregas de bienes:

• **Entregas de bienes usados, objetos de arte, antigüedades y objetos de colección adquiridos por el revendedor a:**

» Una persona que no tenga la condición de empresario o profesional, esto es, a **particulares**.

» Un **empresario o profesional que se beneficie del régimen de franquicia** del impuesto en el Estado miembro de inicio de la expedición o transporte del bien, siempre que dicho bien tuviera para el referido empresario o profesional la consideración de bien de inversión.

» Un **empresario o profesional en virtud de una entrega exenta del IVA**, por aplicación de lo dispuesto en los números 24.° o 25.° del artículo 20.Uno de la LIVA.

» Otro sujeto pasivo **revendedor que haya aplicado a su entrega el REBU**.

• Entregas de objetos de arte, antigüedades u objetos de colección que hayan sido importados por el propio sujeto pasivo revendedor.

• Entregas de objetos de arte adquiridos a empresarios o profesionales en virtud de las operaciones a las que haya sido de aplicación el tipo impositivo reducido del 10 % del IVA conforme a los apartados 4 y 5 del artículo 91.Uno de la LIVA. Dichas operaciones serían las siguientes:

» Las importaciones de objetos de arte, antigüedades y objetos de colección, cualquiera que sea el importador de los mismos, y las entregas de objetos de arte realizadas por:

  ◆ Sus autores o derechohabientes.

  ◆ Empresarios o profesionales distintos de los revendedores de objetos de arte a los que se refiere el artículo 136 de la LIVA, cuando tengan derecho a deducir íntegramente el IVA soportado por repercusión directa o satisfecho en la adquisición o importación del mismo bien.

» Las adquisiciones intracomunitarias de objetos de arte cuando el proveedor de los mismos sea cualquiera de las personas mencionadas en los dos puntos anteriores.

A TENER EN CUENTA. El REBU no será de aplicación a las entregas de los medios de transporte nuevos que define el artículo 13.2.° de la LIVA, cuando tales entregas se realicen en las condiciones previstas en los apartados primero a tercero del artículo 25 de la LIVA, que regula las exenciones en las entregas de bienes destinados a otro Estado miembro.

Por lo tanto, y **centrándonos en los bienes usados**, que son los que aquí nos interesan, conviene destacar que este régimen especial **no podrá aplicarse a las ventas de bienes que hayan sido adquiridos a un empresario o profesional en una operación en la que se haya aplicado el régimen general del IVA.** Únicamente procederá en los supuestos antes mencionados, como serían, por ejemplo, aquellos casos en los que se adquieran bienes de segunda mano a quienes no tengan la condición de empresario o profesional, o bien a otros sujetos pasivos revendedores que hayan aplicado a su entrega el régimen especial de los bienes usados, objetos de arte, antigüedades y objetos de colección.

A pesar de todo, y como antes se indicaba, los revendedores **podrán aplicar el régimen general del impuesto a cualquiera de las operaciones enu-**

meradas. En tal caso, tendrán derecho a deducir las cuotas del impuesto soportadas o satisfechas en la adquisición o importación de los bienes objeto de reventa, conforme a las reglas generales del título VIII de la LIVA.

CUESTIONES

1. Un autónomo compra muebles usados a particulares, los repara y los revende también a particulares. ¿Puede aplicar el REBU con respecto a ellos?

Tal y como señaló la DGT en su consulta vinculante (V1237-23), de 10 de mayo de 2023, «podrá aplicar el régimen de bienes usados, objetos de arte, antigüedades y objetos de colección a las entregas de muebles que realice en el territorio de aplicación del Impuesto y que cumplan los requisitos del artículo 136, apartado uno, siempre que los mismos hayan sido adquiridos a un particular o a otro empresario o profesional en las condiciones establecidas en el trascrito artículo 135, apartado Uno de la Ley 37/1992. En particular el citado régimen resultará aplicable cuando los muebles hayan sido adquiridos a particulares a través de las plataformas digitales siempre y cuando no hayan sido utilizados, renovados o transformados por la consultante, en los términos indicados en el artículo 136.Uno.1º de la Ley 37/1992. En concreto no tendrán la consideración de bienes usados a efectos del régimen cuando sean objeto de una reparación cuyo coste exceda del coste de adquisición de los bienes, mientras que no se considerarán los bienes utilizados, renovados o transformados a efectos de la aplicación del régimen cuando se hayan sometido por la consultante a los procesos básicos de limpieza». En el caso de que no pueda aplicar ese régimen especial a las entregas de los muebles que realice, o de que renuncie a su aplicación, aplicará el régimen general del IVA.

2. Un particular vende un bien mueble a una sociedad revendedora, que lo revenderá en el ejercicio de su actividad económica de reventa, aplicando el REBU. ¿La adquisición al primer particular puede estar sometida al ITPyAJD, aunque la posterior reventa se haga en REBU?

Sí, tal y como señala la resolución del TEAC n.º 1911/2022, de 28 de junio de 2024. En ella, expresamente se fija como criterio que, en los supuestos en los que un particular transmita un bien a una sociedad, que lo revenderá en el ejercicio de su actividad empresarial, tales operaciones están sometidas al ITPyAJD en su modalidad de transmisiones patrimoniales onerosas, conforme lo dispuesto en los apartados 1 y 5 del artículo 7 de la LITPyAJD. Algo que «no resulta afectado por el hecho de que la posterior entrega esté sujeta al REBU, que es un régimen especial de tributación en las entregas de bienes, e independiente y compatible con la posible tributación por TPO de la entrega realizada por el particular y ningún precepto de la Ley del IVA ni, en concreto, de la regulación del REBU, impide exigir TPO en las adquisiciones realizadas en primer término a particulares». En el mismo sentido se pronuncia también la resolución del TEAC n.º 325/2022, de 22 de mayo de 2025.

3. Un revendedor de vehículos usados compra un vehículo a una empresa que lo tenía afecto a su actividad en un 50 %, por lo que solo se le repercute el IVA sobre el 50 % de la contraprestación pactada. El revendedor lo afecta íntegramente a su actividad, como existencia, y lo revenderá a un tercero. ¿Puede aplicar el REBU a esa operación?

No podrá aplicarse el REBU a esa operación, tal y como concluyó la DGT en su consulta vinculante (V0400-20), de 20 de febrero de 2020, donde señaló lo siguiente:

«(...) no resulta aplicable el régimen especial de bienes usados a la operación de reventa planteada por la entidad consultante, cuyo objeto lo constituye un vehículo usado que se encontraba parcialmente afecto al patrimonio empresarial del vendedor de quien la consultante lo adquirió, en la medida en que no concurren los requisitos

legales para ello toda vez que, en particular, no estamos ante ninguno de los supuestos a que se refiere el artículo 135.Uno.1º de la Ley 37/1992.

Por consiguiente, la reventa de tales vehículos tributará por el régimen general del Impuesto sobre el Valor Añadido, estando constituida la base imponible por el importe total de la contraprestación pactada, esto es, el cien por cien del precio de dicha venta, puesto que este fue el grado de afectación a su actividad empresarial».

RESOLUCIÓN ADMINISTRATIVA

Consulta vinculante de la Dirección General de Tributos (V2121-24), de 1 de octubre de 2024

Asunto: no exención en IVA de las operaciones de compraventa de monedas de colección de oro y posibilidad de aplicarles el REBU.

«(…) el artículo 20, apartado Uno, número 18º, letra j), de la Ley 37/1992, establece que estarán exentas del Impuesto:

"j) Las operaciones de compra, venta o cambio y servicios análogos que tengan por objeto divisas, billetes de banco y monedas que sean medios legales de pago, a excepción de las monedas y billetes de colección y de las piezas de oro, plata y platino.

A efectos de lo dispuesto en el párrafo anterior se considerarán de colección las monedas y los billetes que no sean normalmente utilizados para su función de medio legal de pago o tengan un interés numismático, con excepción de las monedas de colección entregadas por su emisor por un importe no superior a su valor facial que estarán exentas del impuesto.

No se aplicará esta exención a las monedas de oro que tengan la consideración de oro de inversión de acuerdo con lo establecido en el número 2.º del artículo 140 de esta Ley.".

Del escrito de consulta parece deducirse que el objeto de compraventa de las monedas mencionadas obedece a razones numismáticas y de colección, y no para actuar como medio de pago. Además, se trata de monedas de colección, las cuales quedan expresamente exceptuadas de la exención.

(…)

(…) en el supuesto de que resulte aplicable a las operaciones de venta de monedas de colección el régimen especial de los bienes usados, objetos de arte, antigüedades y objetos de colección, dicho régimen de carácter opcional se aplicará, salvo renuncia, que podrá efectuarse para cada operación en particular y sin comunicación expresa a la Administración. Es decir, no existe obligación de aplicar, en su caso, el mencionado régimen especial al conjunto de las operaciones efectuadas, pudiéndose aplicar sólo respecto de aquellas entregas que se considere oportuno.

(…)

Las monedas objeto de consulta tendrán la consideración de objetos de colección si pueden encuadrarse dentro del código NC 9705 00 00, lo que vendrá determinado por la normativa aduanera sobre nomenclatura arancelaria.

La competencia para determinar si un producto está o no incluido en una categoría de la Nomenclatura Combinada no corresponde a esta Dirección General. El órgano competente es el Departamento de Aduanas e Impuestos Especiales, de la Agencia Estatal de Administración Tributaria, Avenida de Llano Castellano 17, 28034 Madrid. Se pueden dirigir a este departamento para obtener una consulta vinculante de Aduanas en relación con el producto consultado, con el fin de ver si está incluido en la NC 9705 00 00».

|| Funcionamiento básico del REBU

La base imponible de las entregas de bienes a las que se aplique este régimen especial estará constituida por el **margen de beneficio de cada operación aplicado por el sujeto pasivo revendedor, minorado en la cuota del IVA correspondiente a dicho margen**. Dicho margen de beneficio será la **diferencia entre el precio de venta y el precio de compra** del bien, entendiendo por tal:

- Precio de venta. Será el importe total de la contraprestación de la transmisión, determinada conforme a los artículos 78 y 79 de la LIVA, más la cuota del IVA que grave la operación.

- Precio de compra. Será el importe total de la contraprestación correspondiente a la adquisición del bien transmitido, determinada según los artículos 78, 79 y 82 de la LIVA, más el importe del IVA que, en su caso, haya gravado la operación. Cuando se transmitan objetos de arte, antigüedades u objetos de colección importados por el sujeto pasivo revendedor, para el cálculo del margen de beneficio se considerará como precio de compra la base imponible de la importación del bien, determinada con arreglo al artículo 83 de la LIVA, más la cuota del IVA que grave la importación.

Ahora bien, los sujetos pasivos revendedores podrán **optar por determinar la base imponible mediante el margen de beneficio global, para cada período de liquidación, aplicado por el sujeto pasivo, minorado en la cuota del IVA** correspondiente a dicho margen. El margen de beneficio global será la diferencia entre el precio de venta y el precio de compra de todas las entregas de bienes efectuadas en cada período de liquidación; precios que se determinarán según lo que acaba de señalarse para calcular el margen de beneficio de cada operación sujeta al régimen especial. La aplicación de esta modalidad de determinación de la base imponible se ajustará a las siguientes reglas:

- La modalidad del margen de beneficio global solo podrá aplicarse para los siguientes bienes:

  » Sellos, efectos timbrados, billetes y monedas, de interés filatélico o numismático.

  » Discos, cintas magnéticas y otros soportes sonoros o de imagen.

  » Libros, revistas y otras publicaciones.

  » La Administración tributaria, previa solicitud del interesado, podrá autorizar la aplicación de la modalidad del margen de beneficio global para determinar la base imponible respecto de bienes distintos de los indicados, fijando las condiciones de a autorización y pudiendo revocarla cuando no se den las circunstancias que la motivaron. El Departamento de Gestión Tributaria de la AEAT podrá autorizar, previa solicitud del interesado, la aplicación de la modalidad del margen de beneficio global para determinar la base imponible respecto de bienes distintos de los comprendidos en los tres puntos anteriores cuando, por el elevado número de operaciones y el reducido precio de los bienes, existan especiales dificultades para aplicar la modalidad de determinación de la base imponible del margen de beneficio de cada operación a las entregas de tales bienes (artículo 50.2 del RIVA). El Departamento de Gestión deberá pronunciarse sobre la procedencia de la solicitud en el plazo de tres meses siguientes a su presentación, transcurrido el cual, sin pronunciamiento expreso, se entenderá denegada.

- La opción deberá ejercitarse al tiempo de presentar la declaración de comienzo de la actividad, o bien durante el mes de diciembre anterior al inicio del año natural en que deba surtir efecto, entendiéndose prorrogada, salvo renuncia expresa en el plazo señalado, para los años siguientes y, como mínimo, hasta la finalización del año natural siguiente a aquel en el que comenzó a aplicarse el régimen de determinación de la base imponible mediante el margen de beneficio global (artículo 50.1 del RIVA). Lo anterior se entiende sin perjuicio de la facultad de la Administración tributaria de revocar la autorización concedida para la aplicación de la modalidad del margen de beneficio global según lo antes señalado. Tanto la opción como su revocación tendrán que efectuarse de acuerdo con lo dispuesto en el Reglamento General de las actuaciones y procedimientos de gestión e inspección tributaria y de desarrollo de las normas comunes de los procedimientos de aplicación de los tributos, aprobado por el Real Decreto 1065/2007, de 27 de julio.

- La opción surtirá efectos hasta su renuncia y, como mínimo, hasta la finalización del año natural siguiente. El sujeto pasivo revendedor que la hubiera ejercitado deberá determinar con arreglo a dicha modalidad la base imponible correspondiente a todas las entregas que de los referidos bienes realice durante el período de aplicación de la misma, sin que quepa aplicar a las citadas entregas el régimen general del impuesto.

- Si el margen de beneficio global correspondiente a un período de liquidación fuese negativo, la base imponible de dicho período será cero y el referido margen se añadirá al importe de las compras del período siguiente.

- Los sujetos pasivos revendedores que hayan optado por esta modalidad de determinación de la base imponible deberán practicar una regularización anual de sus existencias, para lo cual deberá calcularse la diferencia entre el saldo final e inicial de las existencias de cada año y añadir esa diferencia, si fuese positiva, al importe de las ventas del último período y si fuese negativa añadirla al importe de las compras del mismo período. Esta regularización deberá practicarse a 31 de diciembre de cada año, mientras se mantengan en el citado régimen, incorporando su resultado a la declaración-liquidación correspondiente al último período del mismo año; en los casos de cese en la aplicación de esta modalidad, la regularización se practicará en la declaración-liquidación del período en que se haya producido el cese (artículo 50.3 del RIVA).

- A los efectos de la regularización a la que se refiere el punto anterior, en los casos de inicio o de cese en la aplicación de esta modalidad de determinación de la base imponible el sujeto pasivo deberá hacer un inventario de las existencias a la fecha de inicio o del cese, consignando el precio de compra de los bienes o, en su defecto, el valor del bien en la fecha de su adquisición.

- Cuando los bienes fuesen objeto de entregas exentas en aplicación de los artículos 21, 22, 23 ó 24 de la LIVA, el sujeto pasivo deberá disminuir del importe total de las compras del período el precio de compra de los citados bienes. Si no fuera conocido el citado precio de compra podrá utilizarse el valor de mercado de los bienes en el momento de su adquisición por el revendedor. Asimismo, el sujeto pasivo no computará el importe de las referidas entregas exentas entre las ventas del período.

En las **facturas** que documenten las operaciones a que resulte aplicable este régimen especial, los sujetos pasivos **no podrán consignar separadamente la cuota repercutida**, debiendo entenderse esta comprendida en el precio total de la operación. No serán deducibles las cuotas soportadas por los adquirentes de bienes usados, objetos de arte, antigüedades u objetos de colección que les hayan sido entregados por sujetos pasivos revendedores con aplicación del REBU.

Por otra parte, los sujetos pasivos revendedores no podrán deducir las cuotas del IVA soportadas o satisfechas por la adquisición o importación de bienes que sean a su vez transmitidos por aquellos en virtud de entregas sometidas a este régimen especial.

|| Obligaciones formales y registrales específicas

Además de las establecidas con carácter general, los sujetos pasivos que apliquen el REBU deberán cumplir, con respecto a las operaciones afectadas por el referido régimen especial, las obligaciones específicas que establece el artículo 51 del RIVA:

- Llevar un **libro registro específico** en el que se anotarán, de manera individualizada y con la debida separación, cada una de las adquisiciones, importaciones y entregas, realizadas por el sujeto pasivo, a las que resulte aplicable la determinación de la **base imponible mediante el margen de beneficio de cada operación**. Dicho libro deberá reflejar los siguientes datos:

    » Descripción del bien adquirido o importado.

    » Número de factura, documento de compra o documento de importación de dicho bien.

    » Precio de compra.

    » Número de la factura expedido por el sujeto pasivo con ocasión de la transmisión de dicho bien.

    » Precio de venta.

» Impuesto sobre el Valor Añadido correspondiente a la venta o, en su caso, indicación de la exención aplicada.

» Indicación, en su caso, de la aplicación del régimen general en la entrega de los bienes.

- Llevar un **libro registro específico**, distinto del antes mencionado, en el que se anotarán las adquisiciones, importaciones y entregas, realizadas por el sujeto pasivo durante cada período de liquidación, a las que resulte aplicable la determinación de la **base imponible mediante el margen de beneficio global**. Este libro tendrá que reflejar los siguientes datos:

» Descripción de los bienes adquiridos, importados o entregados en cada operación.

» Número de factura o documento de compra o documento de importación de los bienes.

» Precio de compra.

» Número de factura, emitido por el sujeto pasivo con ocasión de la transmisión de los bienes.

» Precio de venta.

» Indicación, en su caso, de la exención aplicada.

» Valor de las existencias iniciales y finales correspondientes a cada año natural, a los efectos de practicar la regularización prevista en el artículo 137.Dos de la LIVA. Para el cálculo de estos valores se aplicarán las normas de valoración establecidas en el Plan General de Contabilidad.

- En los **supuestos de iniciación o cese y a los efectos de la regularización** prevista en el artículo 137.Dos.6.ª de la LIVA, los sujetos pasivos deberán confeccionar **inventarios de sus existencias**, respecto de las cuales resulte aplicable la modalidad del margen de beneficio global para determinar la base imponible, con referencia al día inmediatamente anterior al de iniciación o cese en la aplicación de aquella. Los mencionados inventarios, firmados por el sujeto pasivo, deberán ser presentados en la Delegación o Administración de la AEAT correspondiente a su domicilio fiscal en el plazo de 15 días a partir del día de comienzo o cese en la aplicación de la mencionada modalidad de determinación de la base imponible.

Por otro lado, en materia de **facturación**, conviene tener presente que, a la vista del artículo 164.Uno de la LIVA, los sujetos pasivos del impuesto están obligados a expedir y entregar factura de sus operaciones, ajustada a lo que se determine reglamentariamente. Y, en ese sentido, el artículo 16.2 del Real Decreto 1619/2012, de 30 de noviembre, por el que se aprueba el Reglamento por el que se regulan las obligaciones de facturación, establece que, sin perjuicio del cumplimiento del resto de las obligaciones correspondientes, los sujetos pasivos que apliquen el REBU deberán cumplir, con respecto a las operaciones afectadas por dicho régimen especial, las siguientes obligaciones específicas:

- Expedir un documento que justifique cada una de las adquisiciones efectuadas a quienes no tengan la condición de empresarios o profesionales actuando como tales. Este **documento de compra** deberá ser firmado por el transmitente y contendrá los datos y requisitos generales de las facturas ordinarias a los que se refiere el artículo 6.1 del Reglamento de facturación.

- En todo caso, en las facturas que expidan los sujetos pasivos revendedores por las entregas sometidas al régimen especial, deberá hacerse constar la mención «régimen especial de los bienes usados», «régimen especial de los objetos de arte» o «régimen especial de las antigüedades y objetos de colección».

- En las **facturas** que expidan los sujetos pasivos revendedores por las entregas sometidas al régimen especial **no podrán consignar separadamente la cuota del IVA repercutida** y esta deberá entenderse comprendida en el precio total de la operación.

RESOLUCIÓN ADMINISTRATIVA

Consulta vinculante de la Dirección General de Tributos (V2478-24), de 9 de diciembre de 2024

Asunto: régimen aplicable en IVA cuando un revendedor de vehículos adquiere un vehículo usado a un empresario o profesional establecido en otro Estado miembro de la UE.

«(...) Según criterio de este Centro directivo, entre otras, en la contestación vinculante de 28 de noviembre de 2016, número V5128-16:

"La adquisición de un vehículo usado a un empresario o profesional establecido en otro Estado miembro de la Unión Europea, que tenga la condición de revendedor a efectos de la aplicación del régimen especial, puede dar lugar a distintas situaciones a efectos de la Ley 37/1992:

a) Si la entrega por el revendedor se efectuó con aplicación del régimen general del Impuesto sobre el Valor Añadido, dicha entrega estará exenta del Impuesto en origen y la adquisición intracomunitaria de bienes efectuada por la consultante estará sujeta y no exenta del Impuesto sobre el Valor Añadido español, no pudiendo ésta aplicar, en la reventa del bien usado, el régimen especial de bienes usados.

La consultante será sujeto pasivo de la adquisición intracomunitaria y deberá cumplir con las obligaciones impuestas al sujeto pasivo en el artículo 164 de la Ley del Impuesto. En particular, deberá cumplimentar el modelo 349, de declaración recapitulativa de operaciones intracomunitarias.

La base imponible del Impuesto sobre el Valor Añadido correspondiente a las adquisiciones intracomunitarias de vehículos usados sujetas y no exentas efectuadas por la consultante a sujetos pasivos revendedores que no aplican el régimen de bienes usados se determinará con arreglo a lo dispuesto en el artículo 82 de la Ley 37/1992, el cual se remite a lo dispuesto para las entregas de bienes y prestaciones de servicios interiores. Así, de acuerdo con el artículo 78, "la base imponible estará constituida por el importe total de la contraprestación de las operaciones sujetas al mismo procedente del destinatario o de terceras personas" (es decir, el importe total de la contraprestación pagada por la consultante al empresario comunitario que efectúa la entrega del vehículo usado). En ningún caso podrá recurrirse al margen de beneficio para determinar dicha base imponible.

b) Si la entrega por el revendedor se efectuó con aplicación del régimen especial de bienes usados, dicha entrega tributará en el país de origen y la adquisición intraco-

munitaria en España no estará sujeta al Impuesto sobre el Valor Añadido español (tal y como se deduce del artículo 13.1°.b) de la Ley 37/1992, antes reproducido), pudiendo la consultante aplicar en la reventa del vehículo el régimen especial de bienes usados, objetos de arte, antigüedades y objetos de colección"».

Compra a empresario, profesional o empresa no dedicados a la venta de bienes usados, que venden un elemento que tenían afecto a su actividad

En este apartado nos referiremos a todos aquellos supuestos en los que los **bienes muebles usados se adquieren de quien tenga la consideración de empresario o profesional a los efectos del IVA**, conforme a los artículos 4 y 5 de la LIVA, y dichos **bienes forman parte de su patrimonio empresarial**. Por lo tanto, se comprenderían tanto las compras de ese tipo de bienes a autónomos o empresas, como también las realizadas a otras personas que tengan la consideración de empresario o profesional en el ámbito del IVA, aunque a otros efectos no se considere que desarrollan una actividad económica. Por ejemplo, los arrendadores de bienes tienen la consideración de empresarios o profesionales a los efectos del IVA de acuerdo con el artículo 5.Uno.c) de la LIVA. Y, por el contrario, no tendrán la consideración de empresarios o profesionales quienes realicen exclusivamente entregas de bienes o prestaciones de servicios a título gratuito, sin perjuicio de la consideración de las sociedades mercantiles como empresarios o profesionales salvo prueba en contrario.

Según el artículo 4.Uno de la LIVA, se encuentran sujetas al IVA las entregas de bienes y prestaciones de servicios realizadas dentro de su ámbito espacial por empresarios o profesionales a título oneroso, con carácter habitual u ocasional, en el desarrollo de su actividad empresarial o profesional. Añadiendo ese precepto, además, en su apartado Dos.b), que se entenderán realizadas en el desarrollo de una actividad empresarial o profesional *«las transmisiones o cesiones de uso a terceros de la totalidad o parte de cualesquiera de los bienes o derechos que integren el patrimonio empresarial o profesional de los sujetos pasivos, incluso las efectuadas con ocasión del cese en el ejercicio de las actividades económicas que determinan la sujeción al Impuesto»*.

En consecuencia, cuando un sujeto pasivo del IVA transmita a título oneroso un elemento patrimonial afecto a su actividad económica, dicha entrega de bienes quedará sujeta al impuesto, siempre que se realice en el territorio de aplicación del mismo. En ese sentido, resulta bastante gráfica la consulta vinculante de la DGT (V3490-20), de 2 de diciembre de 2020, en la que el Centro directivo señaló que las entregas de bienes a título oneroso realizadas por una empresa, empresario o profesional *«se entenderán sujetas al Impuesto sobre el Valor Añadido cuando dichas entregas se realizasen (...) **en el ejercicio de una actividad empresarial, como podría ser la compraventa de vehículos usados, o bien si dichos vehículos formasen parte de su patrimonio empresarial**»*.

A tales efectos, según criterio de Tributos, la sola falta de contabilización del elemento patrimonial en cuestión no determina, por sí misma, la no afectación del mismo al patrimonio empresarial del sujeto pasivo [acúdase, entre otras, a sus consultas vinculantes (V1887-22), de 9 de agosto de 2022, o (V3490-20), de 2 de diciembre de 2020]. Por lo demás, lo cierto es que la afectación de un elemento a la actividad empresarial o profesional, o el hecho de que forme parte del patrimonio empresarial o profesional, son cuestiones de hecho que podrán acreditarse, en su caso, por cualquier medio de prueba admisible en derecho.

En definitiva, en el caso de que los bienes muebles estuviesen afectos a una actividad económica o formasen parte del patrimonio empresarial o profesional de quien los vende a un tercero, dicha entrega quedará sujeta al IVA, sin que pueda aplicársele ninguno de los supuestos de no sujeción previstos en el artículo 7 de la LIVA.

A TENER EN CUENTA. Según el numeral 1.º del artículo 7 de la LIVA, no estará sujeta al IVA «la transmisión de un conjunto de elementos corporales y, en su caso, incorporales que, formando parte del patrimonio empresarial o profesional del sujeto pasivo, constituyan o sean susceptibles de constituir una unidad económica autónoma en el transmitente, capaz de desarrollar una actividad empresarial o profesional por sus propios medios, con independencia del régimen fiscal que a dicha transmisión le resulte de aplicación en el ámbito de otros tributos y del procedente conforme a lo dispuesto en el artículo 4, apartado cuatro, de esta Ley». Sin embargo, se excluye de la no sujeción la mera cesión de bienes o de derechos, considerándose como tal «la transmisión de éstos cuando no se acompañe de una estructura organizativa de factores de producción materiales y humanos, o de uno de ellos, que permita considerar a la misma constitutiva de una unidad económica autónoma». Y, justamente, a lo que aquí nos estamos refiriendo no es a la transmisión en bloque de un patrimonio empresarial, sino a la venta de elementos patrimoniales de forma aislada (un vehículo afecto, una máquina utilizada en la actividad, etc.).

Con todo, cabría plantearse la aplicación de alguna de las exenciones del IVA previstas en la normativa del impuesto. En concreto, por lo que a las operaciones interiores se refiere, podrían resultar de interés las exenciones técnicas previstas en los numerales 24.º y 25.º del artículo 20.Uno de la LIVA:

«Uno. Estarán exentas de este impuesto las siguientes operaciones:

(...)

24.º Las **entregas de bienes que hayan sido utilizados por el transmitente en la realización de operaciones exentas del impuesto** en virtud de lo establecido en este artículo, **siempre que al sujeto pasivo no se le haya atribuido el derecho a efectuar la deducción total o parcial del impuesto soportado al realizar la adquisición, afectación o importación** de dichos bienes o de sus elementos componentes.

A efectos de lo dispuesto en el párrafo anterior, se considerará que al sujeto pasivo no se le ha atribuido el derecho a efectuar la deducción parcial de las cuotas soportadas cuando haya utilizado los bienes o servicios adquiridos exclusivamente en la realización de operaciones exentas que no originen el derecho a la deducción, aunque hubiese sido de aplicación la regla de prorrata.

Lo dispuesto en este número **no se aplicará**:

a) A las **entregas de bienes de inversión que se realicen durante su período de regularización**.

b) Cuando resulten procedentes las exenciones establecidas en los números 20.° y 22.° anteriores.

25.° Las **entregas de bienes cuya adquisición, afectación o importación o la de sus elementos componentes hubiera determinado la exclusión total del derecho a deducir en favor del transmitente en virtud de lo dispuesto en los artículos 95 y 96** de esta Ley».

La **exención prevista en el artículo 20.Uno.24.° de la LIVA** resultará de aplicación a las entregas de bienes que el transmitente hubiera utilizado exclusivamente en la realización de operaciones exentas, siempre que no se le hubiera atribuido el derecho a deducirse total o parcialmente el IVA soportado por su adquisición y que, en el caso de bienes de inversión, la venta se realice después de terminado el período de regularización (pasados los cuatro años naturales siguientes al del comienzo de su utilización en la actividad, en el caso de bienes muebles —artículo 107 de la LIVA—). Si la transmisión del bien de inversión se realizase durante el período de regularización no podría aplicarse la exención mencionada y, además, habría que efectuar la regularización a la que se refiere el artículo 110 de la LIVA.

Por ejemplo, en la consulta vinculante de la DGT (V0166-20), de 22 de enero de 2020, el Centro directivo reconoció la posibilidad de aplicar esta exención en un supuesto en el que una sociedad dedicada a la explotación de máquinas recreativas tipo B, instaladas en diversos establecimientos de hostelería, se planteaba su transmisión. Y es que, no en vano, las operaciones realizadas por la consultante en el desarrollo de su actividad, consistente en la explotación de máquinas recreativas de tipo B, quedan sujetas pero exentas del IVA de acuerdo con el artículo 20.Uno.19.° de la LIVA, por constituir el hecho imponible de los tributos sobre el juego. Motivo por el que Tributos concluía que «*tal como se recoge expresamente en la contestación vinculante de 13 de marzo de 2006, número V0439-06, si a la entidad consultante no se le ha atribuido el derecho a efectuar la deducción total o parcial del impuesto soportado con motivo de la adquisición, tal como se deduce del escrito de consulta, ni la enajenación tiene lugar durante el periodo de regularización, en su caso, la entrega de las máquinas recreativas a otra empresa estará sujeta pero exenta del Impuesto sobre el Valor Añadido*».

Igualmente, cabría la exención en el caso de que el elemento patrimonial que se vende hubiera estado exclusivamente afecto a una actividad exenta del IVA (como podría ser la enseñanza o los servicios médicos, o bien un arrendamiento de vivienda, de acuerdo con los numerales 10.°, 5.° y 23.° del artículo 20.Uno de la LIVA), al haberse utilizado dicho bien en operaciones exentas que no generan derecho a deducir.

CUESTIONES

1. ¿Qué se considera bien de inversión a los efectos del IVA?

Según el artículo 108 de la LIVA, a los efectos del IVA se considerarán de inversión los bienes corporales, muebles, semovientes o inmuebles que, por su naturaleza y función, estén normalmente destinados a ser utilizados por un período de tiempo superior a un año como instrumentos de trabajo o medios de explotación. Sin embargo, no tendrán tal consideración:

- Los accesorios y piezas de recambio adquiridos para la reparación de los bienes de inversión utilizados por el sujeto pasivo.

- Las ejecuciones de obra para la reparación de otros bienes de inversión.

- Los envases y embalajes, aunque sean susceptibles de reutilización.

- Las ropas utilizadas para el trabajo por los sujetos pasivos o el personal dependiente.

- Cualquier otro bien cuyo valor de adquisición sea inferior a 3.005,06 euros.

2. Si se venden bienes de inversión antes de terminado el período de regularización, ¿cómo habrá que regularizar a efectos del IVA?

Cuando se hagan entregas de bienes de inversión durante el período de regularización, se realizará una regularización única por el tiempo de dicho período que quede por transcurrir. A esos efectos, se aplicarán las reglas que establece el artículo 110 de la LIVA:

- Si la entrega estuviera sujeta al impuesto y no exenta, se considerará que el bien de inversión se empleó exclusivamente en la realización de operaciones que originan el derecho a deducir durante todo el año en que se realizó dicha entrega y en los restantes hasta la expiración del período de regularización. Ahora bien, no será deducible la diferencia entre la cantidad que resulte de la aplicación de lo anterior y el importe de la cuota devengada por la entrega del bien.

- Si la entrega resultara exenta o no sujeta, se considerará que el bien de inversión se empleó exclusivamente en la realización de operaciones que no originan el derecho a deducir durante todo el año en que se realizó dicha entrega y en los restantes hasta la expiración del período de regularización. Esta regla también será de aplicación en los supuestos en los que el sujeto pasivo destinase bienes de inversión a fines que, conforme a los artículos 95 y 96 de la LIVA, determinen la aplicación de limitaciones, exclusiones o restricciones del derecho a deducir, durante todo el año en que se produjesen dichas circunstancias y los restantes hasta la terminación del período de regularización. Se exceptúan de lo previsto en el primer inciso de este punto las entregas de bienes de inversión exentas o no sujetas que originen el derecho a la deducción, a las que se aplicará la regla del primer punto; las deducciones que procedan en este caso no podrán exceder de la cuota que resultaría de aplicar el tipo impositivo vigente en relación con las entregas de bienes de la misma naturaleza al valor interior de los bienes exportados o enviados a otro Estado miembro de la Comunidad.

Esta regularización deberá practicarse incluso en el supuesto de que en los años anteriores no hubiera sido de aplicación la regla de prorrata.

Finalmente, lo señalado en este precepto también se aplicará cuando los bienes de inversión se transmitiesen antes de su utilización por el sujeto pasivo; pero no será de aplicación, en ningún caso, a las operaciones a las que se refiere el artículo 7.1.º de la LIVA (que prevé la no sujeción de la transmisión de un patrimonio empresarial o profesional).

Por su parte, la **exención prevista en el artículo 20.Uno.25.° de la LIVA** supone que no se repercuta el IVA en caso de venta de un bien con respecto al cual no se hubiera deducido el IVA soportado en su adquisición, por estar excluido del derecho a deducción según los artículos 95 y 96 de la LIVA. Por ejemplo, podrían quedar exentas del IVA por esta vía las entregas de bienes que, originariamente, se hubieran adquirido para su uso particular y luego se hubieran afectado a la actividad económica, pues en el momento de la adquisición el interesado no se pudo deducir la cuota de IVA soportada, al no actuar como empresario o profesional [en ese sentido, considérese la consulta vinculante de la DGT (V1782-17), de 10 de julio de 2017].

Ahora bien, la exención prevista en este artículo 20.Uno.25.° de la LIVA **no resultará de aplicación en supuestos en los que la imposibilidad de deducir el IVA soportado en la adquisición** del bien no traiga causa de la aplicación de limitaciones, exclusiones o restricciones del derecho a deducir establecidas en los artículos 95 y 96 de la LIVA, sino de la **regulación del REBU** y la imposibilidad para el adquirente, derivada de dicho régimen especial, de disponer de un documento justificativo para el ejercicio del derecho a la deducción en el sentido establecido por el artículo 97 de la LIVA. Esto supone que, por ejemplo, cuando un empresario o profesional transmita un vehículo afecto a su actividad a título oneroso, que previamente había adquirido a un sujeto pasivo revendedor aplicando el REBU y sin derecho a deducir las cuotas del IVA derivadas de dicha adquisición, dicha transmisión estará sujeta y no exenta del IVA, que deberá repercutirse al tipo correspondiente.

En ese sentido, la Dirección General de Tributos, considerando la jurisprudencia comunitaria (sentencia del TJUE de 8 de diciembre de 2005, asunto n.° C-280/04, ECLI:EU:C:2005:753) viene entendiendo que la exención técnica de dicho artículo 20.Uno.25.° de la LIVA, «*que tiene por objeto evitar la doble imposición, se aplica solo a las entregas de bienes por cuya previa adquisición se haya soportado el Impuesto sobre el Valor Añadido, el cual no pudo deducirse en virtud de una exclusión del derecho a deducir, pero no se aplica cuando los bienes se hayan adquirido de sujetos pasivos que no pudieron declarar el IVA, por lo que no se causó derecho a deducción*» [consulta vinculante de la DGT (V0066-25), de 3 de febrero de 2025]. Tampoco se aplicaría a las entregas de bienes que fueron previamente adquiridos sin repercusión del IVA por proceder de particulares que no actuaban como empresarios o profesionales, tal y como se analizaba en la consulta vinculante de la DGT (V3490-20), de 2 de diciembre de 2020.

Por lo demás, a la hora de abordar el tratamiento en IVA de las operaciones a las que nos referimos en este apartado, **es importante que destaquemos dos particularidades**, que procederán en aquellos supuestos en los que el vendedor aplique el régimen del recargo de equivalencia o el régimen especial de la agricultura, ganadería y pesca:

- **Sujeto pasivo del IVA acogido al régimen del recargo de equivalencia vende un bien mueble afecto a su actividad económica.** A la vista del artículo 154.Dos de la LIVA, los comerciantes minoristas sometidos a este régimen especial no estarán obligados a efectuar la liquidación ni el pago del IVA a la Hacienda pública en relación con las operaciones comerciales que efectúen a las que sea aplicable este régimen especial, ni por las transmisiones de los bienes o derechos utilizados exclusivamente en dichas actividades, con exclusión de las entregas de bienes inmuebles sujetas y no exentas, por las que el transmitente tendrá que repercutir, liquidar e ingresar las cuotas del IVA devengadas. Tampoco podrán deducir las cuotas soportadas por las adquisiciones o importaciones de bienes de cualquier naturaleza o por los servicios que les hayan sido prestados, en la medida en que dichos bienes o servicios se utilicen en la realización de las actividades a las que afecte el régimen especial del recargo de equivalencia. Por otra parte, a los efectos de la regularización de deducciones por bienes de inversión, la prorrata de deducción aplicable en este sector diferenciado de actividad económica durante el período en que el sujeto pasivo esté sometido a este régimen especial será cero; y no procederá efectuar la regularización del artículo 110 de la LIVA en los supuestos de transmisión de bienes de inversión utilizados exclusivamente para la realización de actividades sometidas a este régimen especial. Es decir, si el comerciante minorista en recargo de equivalencia vende un bien exclusivamente afecto a la actividad tendrá que repercutir el IVA en la venta; pero, al ser de aplicación dicho régimen especial, no estará obligado a liquidar ni pagar el IVA por la entrega de un bien de inversión mueble.

- **Sujeto pasivo del IVA acogido al régimen especial de la agricultura, ganadería y pesca (REAGP) vende un bien mueble afecto a su actividad económica.** Según el artículo 129.Uno de la LIVA, los sujetos pasivos acogidos a este régimen especial no estarán sometidos, en lo que concierne a las actividades en él incluidas, a las obligaciones de liquidación, repercusión o pago del impuesto; ni tampoco, en general, a cualquiera de las establecidas en los títulos X y XI de la LIVA, referidos a las obligaciones de los sujetos pasivos y la gestión del impuesto, a excepción de las contempladas en los numerales 1.º, 2.º y 5.º del artículo 164.Uno de la LIVA y las de registro y contabilización determinadas reglamentariamente. Esa misma regla se aplicará también en los supuestos en los que estos sujetos realicen entregas de bienes de inversión distintos de los bienes inmuebles, utilizados exclusivamente en sus actividades. Por lo tanto, si un agricultor vende el tractor usado que tenía afecto a la actividad por la que estaba acogido al REAGP o un productor de mejillón vende el barco grúa también afecto a su actividad acogida a dicho régimen especial, no estará obligado a efectuar la liquidación ni el pago del IVA por la entrega que realice de ese bien, ni podrá repercutírselo al comprador [consultas vinculantes de la DGT (V0814-15), de 13 de marzo de 2015, y (V1032-19), de 10 de mayo de 2019].

A TENER EN CUENTA. Las obligaciones que establecen los numerales 1.º, 2.º y 5.º del artículo 164.Uno de la LIVA son las relativas a la presentación de las declaraciones de comienzo, modificación y cese de la actividad; la solicitud del número de identificación fiscal a la Administración, su comunicación y acreditación cuando proceda; y la presentación, periódicamente o a requerimiento de la Administración, de información relativa a sus operaciones económicas con terceras personas y, en particular, una declaración recapitulativa de operaciones intracomunitarias.

Una vez sentado todo lo anterior, cuando proceda el IVA, habrá que preguntarse **sobre qué base imponible se aplicará el impuesto** y, para ello, **antes habrá que saber el porcentaje de afectación del bien transmitido a la actividad económica del vendedor**. Y es que, tal y como señala la consulta vinculante de la DGT (V2077-24), de 25 de septiembre de 2024, referida a la venta de un vehículo: «*si el vehículo consultado ha estado afecto al patrimonio empresarial en un cincuenta por ciento, u otro porcentaje de afectación, la base imponible del Impuesto en la entrega del mismo debe computarse, asimismo, en el cincuenta por ciento de la total contraprestación pactada, dado que la transmisión del otro cincuenta por ciento, o del porcentaje que no estuvo afecto, se corresponde con la entrega de la parte de dicho activo no afecta al referido patrimonio, que debe quedar no sujeta al Impuesto de acuerdo con lo dispuesto por el artículo 4.dos.b) de la Ley 37/1992. Sin perjuicio, de la tributación que corresponda conforme lo señalado en otros tributos, por el 50 por ciento o del que no estuvo afecto, no sujeto al Impuesto sobre el Valor Añadido*». En consecuencia:

- Si el bien vendido estaba **afecto al 100 % a la actividad económica del transmitente**, la base imponible del IVA estará formada por el **importe íntegro de la contraprestación que se pacte**.

- Si el bien vendido estaba **afecto a la actividad solo en parte** (al 50 % o en otro porcentaje que no llegue al 100 %), la base imponible del IVA **se calculará aplicando ese mismo porcentaje de afectación sobre el importe total de la contraprestación pactada**.

No en vano, en este último supuesto (el de afectación parcial), la transmisión de la parte del bien que no estaba afecta a la actividad no quedaría sujeta al IVA, pues la misma no forma parte del patrimonio empresarial. Por lo tanto, **por el porcentaje del bien vendido que no estuviera afecto a la actividad se tributaría a través de la modalidad de transmisiones patrimoniales onerosas del ITPyAJD**. Es decir, con respecto a esta otra parte no afecta, será el comprador quien deba presentar la correspondiente liquidación del impuesto.

CUESTIONES

1. ¿Se someterá a IVA la operación en virtud de la cual un autónomo vende a un tercero un vehículo que no tenía afecto a su actividad económica?

No. Si los bienes que se venden o transmiten a título oneroso no estuvieran afectos a una actividad económica de compraventa de los mismos ni formasen tampoco parte del patrimonio empresarial del transmitente, su entrega no quedaría sujeta al IVA, sino a la modalidad de transmisiones patrimoniales onerosas del ITPyAJD.

2. Una persona física tiene dos inmuebles de su propiedad arrendados a terceros: una vivienda, cuyo arrendamiento está exento del IVA conforme al artículo 20.Uno.23.º de la LIVA, y un local de negocio, por el que sí repercute el IVA. Va a vender un electrodoméstico que tiene afecto a la vivienda arrendada a un tercero, cuyo valor de adquisición es inferior a 1.500 euros. ¿Estará sometida a IVA dicha venta?

No, la operación quedará exenta del IVA conforme al artículo 20.Uno.24.º de la LIVA.

3. Un profesional autónomo decide vender a un particular el vehículo turismo que tenía afecto a su actividad en un 50 %, por 9.500 euros. ¿Qué impuestos indirectos gravarán la operación?

Dado que el vehículo estaba afecto a la actividad económica del vendedor en un 50 %, la base imponible del IVA se calculará aplicando ese mismo porcentaje de afectación sobre el importe total de la contraprestación pactada. La transmisión del otro 50 % del vehículo, que no estaba afecta a la actividad, no estará sujeta al IVA, sino que tributará por la modalidad de transmisiones patrimoniales del ITPyAJD. Es decir:

Se aplicará un tipo de IVA del 21 % sobre el 50 % de la contraprestación acordada: 4.750 euros x 21 % = 997,50 euros.

Se aplicará el tipo del ITP que corresponda según la comunidad autónoma sobre el otro 50 % de la contraprestación pactada (imaginemos que correspondería un tipo del 4 %): 4.750 euros x 4 % = 190 euros.

4. Si la venta de un bien mueble de segunda mano está sujeta, pero exenta de IVA (por ejemplo, en virtud de las exenciones previstas en los numerales 24.º y 25.º del artículo 20.Uno de la LIVA), ¿eso significa que tributará por el ITPyAJD en su modalidad de transmisiones patrimoniales onerosas?

No, puesto que estamos hablando de una venta de bienes muebles.

Según el artículo 7.5 de la LITPyAJD, no están sujetas a la modalidad de transmisiones patrimoniales onerosas del ITPyAJD las transmisiones onerosas por actos inter vivos cuando, con independencia de la condición del adquirente, los transmitentes sean empresarios o profesionales en el ejercicio de su actividad económica y, en cualquier caso, cuando constituyan entregas de bienes o prestaciones de servicios sujetas al IVA (aunque luego puedan quedar exentas por aplicación de algún precepto de la LIVA). Sin embargo, y como excepción, el precepto señala que quedarán sujetas a TPO «las entregas o arrendamientos de bienes inmuebles, así como la constitución y transmisión de derechos reales de uso y disfrute que recaigan sobre los mismos, cuando gocen de exención en el Impuesto sobre el Valor Añadido» y también «las entregas de aquellos inmuebles que estén incluidos en la transmisión de un patrimonio empresarial o profesional, cuando por las circunstancias concurrentes la transmisión de este patrimonio no quede sujeta al Impuesto sobre el Valor Añadido». Por lo tanto, si lo que se vendiera fuera un inmueble, y la operación estuviera sujeta y exenta del IVA, sí procedería el ITPyAJD en su modalidad de TPO; pero no en nuestro supuesto, en el que se venden bienes muebles.

De hecho, en ese mismo sentido, el artículo 4.Cuatro de la LIVA señala lo siguiente:

«Cuatro. Las operaciones sujetas a este impuesto no estarán sujetas al concepto «transmisiones patrimoniales onerosas» del Impuesto sobre Transmisiones Patrimoniales y Actos Jurídicos Documentados.

Se exceptúan de lo dispuesto en el párrafo anterior las entregas y arrendamientos de bienes inmuebles, así como la constitución o transmisión de derechos reales de goce o disfrute que recaigan sobre los mismos, cuando estén exentos del impuesto, salvo en los casos en que el sujeto pasivo renuncie a la exención en las circunstancias y con las condiciones recogidas en el artículo 20.Dos».

RESOLUCIONES ADMINISTRATIVAS

Consulta vinculante de la Dirección General de Tributos (V0383-23), de 21 de febrero de 2023

Asunto: no cabe la exención técnica del artículo 20.Uno.25.º de la LIVA cuando un empresario dedicado al alquiler de autocaravanas vende a un tercero una autocaravana que tenía afecta a la actividad y que había adquirido ya usada en REBU, sin deducirse las cuotas del IVA derivadas de la adquisición.

«Tal y como reiteradamente ha señalado este Centro directivo (por todas, la contestación vinculante de 18 de febrero del 2015, número V0602-15 y la contestación vinculante de 21 de julio de 2017, número V1981-17), la exención prevista en el artí-

culo 20.Uno.25º de la Ley 37/1992, anteriormente citada, no resulta de aplicación a supuestos como el contemplado en el escrito de consulta, en el que la imposibilidad de deducir el Impuesto soportado en la adquisición del vehículo no trae causa de la aplicación de limitaciones, exclusiones o restricciones del derecho a deducir establecidas en los artículos 95 y 96 de la Ley 37/1992, sino de la regulación del régimen especial de bienes usados, objetos de arte, antigüedades y objetos de colección y la imposibilidad para el adquirente, derivada de dicho régimen, de disponer de un documento justificativo para el ejercicio del derecho a la deducción en el sentido establecido por el artículo 97 de la mencionada Ley 37/1992.

En consecuencia, la entrega de la autocaravana objeto de consulta efectuada a título oneroso por el consultante y previamente adquirida a un sujeto pasivo revendedor en las condiciones citadas, estará sujeta y no exenta del Impuesto sobre el Valor Añadido, debiendo el consultante repercutir el Impuesto al tipo general del 21 por ciento».

Consulta vinculante de la Dirección General de Tributos (V1782-17), de 10 de julio de 2017

Asunto: tratamiento en IVA de la venta de una embarcación que el vendedor había adquirido inicialmente para su uso particular y posteriormente afectado a una actividad económica de arrendamiento.

«(…) el carácter de empresario o profesional, otorgado por el desarrollo de la actividad de arrendamiento, no se extiende a aquellas operaciones que realice en el ámbito de su esfera privada sino que se predica únicamente respecto de aquellas que realice en ejercicio de dicha actividad y desde el momento en que la misma se entienda iniciada.

Así, en el caso objeto de consulta, en que se especifica que la embarcación fue adquirida como particular, al estar destinada al uso privado, no afectándola a ninguna actividad ni deduciéndose la cuota del Impuesto sobre el Valor Añadido soportada en su adquisición, no cabe considerar por dicha operación que tenga atribuida la condición de empresario o profesional al consultante.

Sin embargo, la afectación posterior de la embarcación a la actividad de arrendamiento, en la medida en que va a ser objeto de cesión de uso a terceros no vinculados mediante contraprestación, atribuye al consultante la condición de empresario o profesional a efectos del Impuesto sobre el Valor Añadido, estando la citada actividad de arrendamiento sujeta y no exenta del Impuesto sobre el Valor Añadido.

(…)

3.- Por lo que se refiere a la posterior entrega de la embarcación afecta a la actividad de arrendamiento, dicha entrega estará sujeta al Impuesto sobre el Valor Añadido en la medida que la venta se realiza en el ámbito de una actividad empresarial o profesional.

En este caso, dado que el consultante adquirió la embarcación como particular, no teniendo, por tanto, derecho a la deducción de las cuotas del Impuesto que haya soportado con ocasión de dicha adquisición, resultará de aplicación la exención técnica contenida en el artículo 20.Uno.25º de la Ley 37/1992 (…)

(…)

En consecuencia, dado que **la adquisición de la embarcación no determinó el derecho a la deducción de la cuota soportada por parte del consultante, al no actuar en la condición de empresario o profesional, y no han tenido lugar, en el desarrollo de una actividad empresarial o profesional, mejoras sobre dicha embarcación, operará la exención del artículo 20.Uno.25º de la Ley 37/1992**, estando la venta de la embarcación exenta del Impuesto sobre el Valor Añadido».

3.2. En IRPF, si el vendedor es persona física, o en el IS, si es persona jurídica

Fiscalidad directa en IRPF e IS de la venta de bienes usados realizada por quienes actúan en el marco de su actividad

Cuando una persona física particular vende un bien mueble de segunda mano actuando en su esfera estrictamente personal, al margen de cualquier actividad económica, la operación podrá generarle una ganancia o pérdida patrimonial en su IRPF. Sin embargo, si quien realiza la transmisión a título oneroso es un empresario, profesional o empresa, que actúa en el marco de su actividad (porque se dedique a la venta de ese tipo de bienes o porque venda un elemento afecto), el tratamiento de los rendimientos que puedan obtenerse no será siempre el mismo:

- Tratándose de una **persona física**, las rentas quedarán dentro del radio de acción del **IRPF**, donde tributarán como rendimientos de actividades económicas o como ganancias patrimoniales, según los casos.

- Tratándose de una **persona jurídica o entidad que sea contribuyente por el IS**, será ese el impuesto al que se sometan los rendimientos.

IRPF, en caso de vendedor persona física

El empresario o profesional, persona física, que venda bienes muebles de segunda mano, tendrá que tributar en su IRPF por los rendimientos que obtenga:

- Si se **dedica a la venta de bienes muebles usados o de segunda mano y realiza la operación en el marco de esa actividad**, los ingresos que perciba tendrán, en principio, la consideración de **rendimientos de actividades económicas** a los efectos de su IRPF. Sería, por ejemplo, el caso de un autónomo que se dedique a la reventa de vehículos de segunda mano o de bienes usados, al vender sus existencias en el marco de la actividad, o del titular de una tienda que venda tanto ropa nueva como ropa usada.

- Si **no se dedica a la venta de ese tipo de bienes**, sino a otro tipo de actividades diferentes, y vende un elemento que formaba parte de su patrimonio empresarial, la transmisión del elemento afecto podrá generarle una **ganancia o pérdida patrimonial** en su IRPF. No se incluirá para el cálculo del rendimiento de la actividad. Esto sucedería, por ejemplo, cuando un transportista autónomo venda el camión que tenía afecto a la actividad o en el caso de que un carpintero venda una máquina de corte que utilizaba en la actividad.

RESOLUCIÓN ADMINISTRATIVA

Consulta vinculante de la Dirección General de Tributos (V3306-23), de 26 de diciembre de 2023

Asunto: distinto tratamiento fiscal en IRPF en caso de transmisión de los elementos patrimoniales del negocio, debiendo diferenciarse las existencias del negocio y otros elementos patrimoniales afectos.

«(...) el presente informe recogerá de forma genérica el tratamiento fiscal de las aportaciones a sociedades de los elementos que conforman una explotación económica o negocio, cuando entre dichos elementos se encuentren bienes gananciales.

A efectos de dicho Impuesto, en la transmisión de los elementos patrimoniales de un negocio deben distinguirse las existencias y el resto de elementos.

Las existencias transmitidas a la sociedad darán lugar a rendimientos de actividades económicas, a integrar en la base imponible general del Impuesto (artículo 48 de la LIRPF), y no a ganancias o pérdidas patrimoniales, siendo la contraprestación obtenida la parte de las participaciones sociales recibidas que proporcionalmente corresponda al valor de mercado de dichas existencias.

En caso de que junto con las existencias se aportaran otros elementos patrimoniales, debe tenerse en cuenta respecto de estos últimos elementos lo dispuesto en el artículo 28.2 de la LIRPF, según el cual "para la determinación del rendimiento neto de las actividades económicas no se incluirán las ganancias o pérdidas patrimoniales derivadas de elementos patrimoniales afectos a las mismas, que se cuantificarán conforme a lo previsto en la sección 4ª del presente capítulo"».

Venta de bienes usados como actividad propia del autónomo: rendimiento de actividades económicas

Cuando la actividad del vendedor consista, justamente, en la venta de bienes usados (o incluya esa actividad) y la operación se realice en el marco de la misma, los rendimientos que el autónomo obtenga constituirán **rendimientos de actividades económicas** a los efectos de su IRPF. No en vano, según el artículo 27.1 de la LIRPF, tendrán tal consideración los rendimientos que, procediendo del trabajo personal y del capital conjuntamente, o de uno solo de estos factores, supongan por parte del contribuyente la ordenación por cuenta propia de medios de producción y de recursos humanos o de uno de ambos, con la finalidad de intervenir en la producción o distribución de bienes o servicios. En particular, el propio precepto reconoce tal carácter a los *«rendimientos de las actividades extractivas, de fabricación, comercio o prestación de servicios, incluidas las de artesanía, agrícolas, forestales, ganaderas, pesqueras, de construcción, mineras, y el ejercicio de profesiones liberales, artísticas y deportivas»*.

Dichos rendimientos se someterán a tributación según las reglas que en cada caso correspondan, para lo cual habrá que tener muy en cuenta el método de determinación del rendimiento neto que aplique el vendedor. Y es que, aunque, por ejemplo, el epígrafe 656 de las tarifas del IAE, referido al «Comercio al por menor de bienes usados tales como muebles, prendas y enseres ordinarios de uso doméstico», que aglutinará a muchos de los autónomos dedicados a este sector, no está incluido dentro del ámbito de aplicación del método de estimación objetiva o módulos en la Orden de módulos para 2025 (Orden HAC/1347/2024, de 28 de noviembre); podría ser que el interesado estuviera dado de alta en otro epígrafe que también posibilitara la venta de ciertos bienes usados y sí permitiera aplicar módulos.

RESOLUCIÓN ADMINISTRATIVA

Consulta vinculante de la Dirección General de Tributos (V3547-20), de 11 de diciembre de 2020

Asunto: calificación jurídica de los rendimientos obtenidos por una comunidad de bienes dedicada al comercio al por menor de vehículos de segunda mano, en régimen de bienes usados.

«La actividad desarrollada por la Comunidad de Bienes consultante no está incluida en el ámbito de aplicación del método de estimación objetiva, debiendo, por tanto, determinar el rendimiento neto de la misma por el método de estimación directa.

De acuerdo con lo dispuesto en el artículo 28 de la Ley 35/2006, de 28 de noviembre, del Impuesto sobre la Renta de las Personas Físicas y de modificación parcial de las leyes de los Impuestos sobre Sociedades, sobre la Renta de no Residentes y sobre el Patrimonio (BOE de 29 de noviembre), el rendimiento neto de las actividades económicas en estimación directa se determinará según las normas del Impuesto sobre Sociedades, sin perjuicio de las normas especiales contenidas en el artículo 30 para la estimación directa.

Esta remisión genérica a las normas del Impuesto sobre Sociedades para la determinación del rendimiento neto de actividades económicas, nos lleva al artículo 10 de la Ley 27/2014 , de 27 de noviembre, del Impuesto sobre Sociedades, que en su apartado 3 dispone que "en el método de estimación directa, la base imponible se calculará, corrigiendo, mediante la aplicación de los preceptos establecidos en esta Ley, el resultado contable determinado de acuerdo con las normas previstas en el Código de Comercio, en las demás leyes relativas a dicha determinación y en las disposiciones que se dicten en desarrollo de las citadas normas."

Es decir, el rendimiento neto de la actividad se determinará corrigiendo el resultado contable, mediante la aplicación de los preceptos contenidos en la Ley del Impuesto sobre Sociedades y en el artículo 30 de la Ley del Impuesto sobre la Renta de las Personas Físicas».

Venta de bienes usados afectos a la actividad: ganancia o pérdida patrimonial

La venta o transmisión de elementos patrimoniales afectos que formen parte del inmovilizado material o intangible de la actividad económica del autónomo dará lugar a una **ganancia o pérdida patrimonial**, que **no se incluirá en el rendimiento neto de la actividad**. No en vano, el artículo 28.2 de la LIRPF expresamente señala que *«para la determinación del rendimiento neto de las actividades económicas no se incluirán las ganancias o pérdidas patrimoniales derivadas de los elementos patrimoniales afectos a las mismas, que se cuantificarán conforme a lo previsto en la sección 4.ª de este capítulo».*

A TENER EN CUENTA. La afectación de elementos patrimoniales o la desafectación de activos fijos por el contribuyente no constituirá alteración patrimonial, siempre que los bienes o derechos continúen formando parte de su patrimonio (artículo 28.3 de la LIRPF). Se entenderá que no ha existido afectación si se llevase a cabo la enajenación de los bienes o derechos antes de transcurridos tres años desde esta.

Como regla general, en los casos de transmisión onerosa como los aquí tratados, el importe de las ganancias o pérdidas patrimoniales será la **diferencia entre los valores de adquisición y de transmisión** de los elementos patrimoniales, que se determinarán conforme al artículo 35 de la LIRPF. Sin embargo, para el supuesto de transmisión de elementos patrimoniales afectos a una actividad económica, los artículos 37.1.n) de la LIRPF y 40.2 del RIRPF establecen una regla específica de valoración, según la cual se considerará como valor de adquisición el valor contable, teniendo en cuenta las amortizaciones que hubieran sido fiscalmente deducibles, sin perjuicio de la amortización mínima. Cuando los elementos patrimoniales hubieran sido afectados a la actividad después de su adquisición y con anterioridad al 1 de enero de 1999, se tomará como fecha de adquisición la que corresponda a la afectación.

Por lo tanto, en el concreto caso de venta de elementos patrimoniales afectos a la actividad, la ganancia o pérdida patrimonial vendrá dada por la diferencia entre los valores de adquisición y de transmisión, calculados del siguiente modo:

- **Valor de adquisición**:
  - » Se tomará el valor de adquisición, coste de producción o valor de afectación, según los casos:
    - ◆ Si el elemento se adquirió de terceros, se considerará el valor de adquisición, entendido como el importe real de la misma, más los gastos adicionales que se produzcan hasta su puesta en condiciones de funcionamiento, así como los gastos financieros devengados antes de la entrada en funcionamiento del bien que, siendo susceptibles de activación según el Plan General de Contabilidad, hubieran sido capitalizados o activados, tal y como señala la AEAT.
    - ◆ Si el elemento fue fabricado o producido por la propia empresa, se atenderá al coste de producción. Este valor se obtendrá sumando al precio de adquisición de las materias primas y demás elementos incorporados, así como la parte proporcional de los costes directos e indirectos imputables a su producción.
    - ◆ Si el elemento se afectó a la actividad después de su adquisición, habrá que tener en cuenta la fecha de la afectación para ver cómo proceder (artículos 23.1 y 40.2 del RIRPF, Informa de la AEAT n.º 135666). En el caso de que la afectación sea posterior a 1 de enero de 1999, se tomará como valor de adquisición el que tenga el bien en el momento de la afectación y como fecha de adquisición la que corresponda a la adquisición originaria. Sin embargo, cuando la afectación se hubiera realizado antes del 1 de enero de 1999, se considerará como valor de adquisición el que resulte de los criterios establecidos en la normativa del Impuesto sobre el Patrimonio en el momento de la afectación y como fecha de adquisición la que corresponda a la afectación.

» Al valor anterior se le sumará el coste de las inversiones y mejoras efectuadas en el elemento patrimonial que se vende.

» Se le restará el importe de las amortizaciones que hubieran sido fiscalmente deducibles, computándose en todo caso la amortización mínima. A estos efectos, se considerará como amortización mínima la resultante del período máximo de amortización o el porcentaje fijo que corresponda, según cada caso.

> **A TENER EN CUENTA**. A la vista de las disposiciones adicionales trigésima y quincuagésima novena de la LIRPF y según señala el manual de la renta de la AEAT, cuando se transmitan vehículos o instalaciones de recarga que hubieran gozado de la libertad de amortización prevista en la disposición adicional decimoctava de la LIVA, o bien elementos afectos a actividades económicas que hubieran gozado de la libertad de amortización por inversiones en elementos de inmovilizado material y de las inversiones inmobiliarias afectos a actividades económicas tanto con mantenimiento del empleo (inversiones realizadas en los años 2009 y 2010) como sin la exigencia de este requisitos (inversiones efectuadas entre el 1 de enero de 2011 y el 30 de marzo de 2012), para el cálculo de la ganancia o pérdida patrimonial no se minorará el valor de adquisición en el importe de las amortizaciones fiscalmente deducidas que excedan de las que hubieran sido fiscalmente deducibles de no haberse aplicado aquella. Dicho exceso (entendido como la diferencia entre la amortización practicada y la que hubiera correspondido) tendrá, para el transmitente, la consideración de rendimiento íntegro de la actividad económica en el período impositivo en el que se efectúe la transmisión.

» Se le restará el importe de las enajenaciones parciales que, en su caso, se hubieran realizado con anterioridad, así como las pérdidas sufridas por el elemento patrimonial.

- **Valor de transmisión**:

   » Se tomará el importe real por el que la enajenación se hubiese efectuado, considerándose como tal el efectivamente satisfecho, siempre que no resulte inferior al normal de mercado, en cuyo caso prevalecerá este.

   » De este valor se deducirán los gastos y tributos inherentes a la transmisión en cuanto resulten satisfechos por el transmitente.

A la hora de determinar el importe de la ganancia o pérdida patrimonial por transmisión de elementos afectos también deben considerarse dos reglas especiales:

- Elementos patrimoniales que se hubieran actualizado conforme al Real Decreto-ley 7/1996, de 7 de junio, o la Ley 16/2012, de 27 de diciembre. En el caso de elementos patrimoniales actualizados conforme el artículo 9 de la Ley 16/2012, de 27 de diciembre, o el artículo 5 del Real Decreto-ley 7/1996, de 7 de junio, para determinar la ganancia patrimonial, obtenida la diferencia entre el precio de adquisición y las amortizaciones contabilizadas, se minorará en el importe del incremento neto de valor derivado de las operaciones de actualización previstas en la Ley 16/2012, de 27 de diciembre, o en el Real

Decreto-ley 7/1996, de 7 de junio, siendo la diferencia positiva así determinada el importe de la depreciación monetaria. La ganancia o pérdida patrimonial será el resultado de minorar la diferencia entre el valor de transmisión y el valor contable en el importe de la depreciación monetaria mencionada.

- Transmisión de licencia de taxi en la actividad de autotaxi en módulos. La disposición adicional séptima de la LIRPF permite que los contribuyentes del IRPF que ejerzan la actividad de transporte por autotaxis, clasificada en el epígrafe 721.2 de la sección primera de las tarifas del IAE, que determinen su rendimiento neto por el método de estimación objetiva, reduzcan conforme a ciertas reglas las ganancias patrimoniales derivadas de la transmisión de activos fijos intangibles, cuando dicha transmisión esté motivada por incapacidad permanente, jubilación o cese de actividad por reestructuración del sector. La medida también será aplicable cuando, por causas distintas de las señaladas, se transmitan los activos intangibles a familiares hasta el segundo grado.

Además, conviene resaltar que en este caso **no podrán aplicarse los coeficientes reductores o de abatimiento** que la disposición transitoria novena de la LIRPF contempla para las ganancias patrimoniales derivadas de la transmisión de elementos patrimoniales adquiridos con anterioridad a 31 de diciembre de 1994. Y es que, no en vano, solo procederán en caso de transmisión de elementos patrimoniales no afectos a actividades económicas. Aunque, eso sí, en este sentido, se considerarán elementos patrimoniales no afectos a actividades económicas aquellos en los que la desafectación de las actividades se haya producido con más de tres años de antelación a la fecha de transmisión.

La ganancia o pérdida patrimonial obtenida **se integrará en la base imponible del ahorro**, de acuerdo con lo establecido en el artículo 49 de la LIRPF.

RESOLUCIONES ADMINISTRATIVAS

Resolución del Tribunal Económico-Administrativo Central n.º 104/2019, de 10 de febrero de 2020

Asunto: determinación del valor de adquisición de un activo inmaterial de duración indefinida afecto a una actividad económica para calcular la ganancia patrimonial en caso de transmisión anterior a 2016.

«En el ejercicio 2011, y en los inmediatamente precedentes y en los siguientes hasta el 31/12/2015, los sujetos pasivos del I.R.P.F. que determinaran los rendimientos de sus actividades económicas por el método de estimación directa normal o directa simplificada, no podían amortizar ni contable ni fiscalmente sus activos inmateriales de duración indefinida, por lo que en ese período no cabía hablar de una «amortización mínima» de tales activos en el sentido que la menciona el art. 40 del Reglamento del Impuesto sobre la Renta de las Personas Físicas (R.D. 439/2007)».

Consulta vinculante de la Dirección General de Tributos (V0509-25), de 28 de marzo de 2025

Asunto: tributación en IRPF de la venta de distintos objetos por parte de un profesional.

«En la medida en que los objetos (cuadros, regalos de distinta naturaleza, libros, objetos decorativos, etc.) que pretende vender el consultante constituyan elementos

*de su patrimonio personal —no constituyendo elementos afectos a su actividad eco-
nómica, en cuyo caso la tributación no se limitaría al IRPF—, su venta dará lugar a
ganancias o pérdidas patrimoniales por diferencia entre los valores de adquisición y
de transmisión —de acuerdo con lo dispuesto en el artículo 34 de la Ley del Impuesto—, valores que vienen definidos en los artículos 35 y siguientes.*

(...)

*(...) al corresponderse los objetos destinados a la venta con elementos patrimo-
niales no afectos a actividades económicas, a los adquiridos con anterioridad a 31 de
diciembre de 1994 les resultará aplicable lo establecido en la disposición transitoria
novena de la Ley del Impuesto (...)*

(...)

*El criterio expuesto se corresponde como ya se ha indicado con la venta de ele-
mentos del patrimonio particular del consultante, pues de tratarse de elementos afectos lo establecido en la antes reproducida disposición transitoria novena de la Ley del
Impuesto — "coeficientes de abatimiento"— no resultaría operativa».*

IS, en caso de vendedor persona jurídica o entidad contribuyente por dicho impuesto

Las personas jurídicas y demás entidades con residencia en territorio español a las que se refiere el artículo 7 de la Ley 27/2014, de 27 de noviembre,
del Impuesto sobre Sociedades (LIS), serán contribuyentes del Impuesto sobre Sociedades (IS). A través de este tributo, serán gravados por la totalidad
de las rentas que obtengan, con independencia del lugar donde se produz-
can y de la residencia del pagador.

La base imponible del IS estará constituida por el importe de la renta obtenida en el período impositivo minorada por la compensación de bases im-
ponibles negativas de períodos impositivos anteriores y, en general, se determinará por el **método de estimación directa**. En este método, el artículo
10.3 de la LIS establece que la **base imponible se calculará corrigiendo,
mediante la aplicación de los preceptos establecidos en la LIS, el resultado
contable** determinado de acuerdo con las normas previstas en el Código de
Comercio, en las demás leyes relativas a dicha determinación y en las disposiciones que se dicten en desarrollo de las citadas normas.

A TENER EN CUENTA. Cuando, de conformidad con la LIS, procediera el método de estimación objetiva, la base imponible se podrá determinar total o parcialmente mediante la aplicación de los signos, índices o módulos a los sectores
de actividad correspondientes.

Así las cosas, los beneficios o pérdidas derivados de la venta de bienes de
segunda mano por personas jurídicas o entidades que sean contribuyentes
del IS se integrarán en dicho impuesto, tanto si se tratase de existencias
como si se tratase de elementos patrimoniales afectos (máquinas, herra-
mientas, etc.). En particular, cuando se transmitan elementos del inmovilizado material, dado que la base imponible del IS parte del resultado contable,
conviene destacar lo que señala la norma de registro y valoración 2.ª del Plan

General de Contabilidad, aprobado por el Real Decreto 1514/2007, de 16 de noviembre:

«Los elementos del inmovilizado material se darán de baja en el momento de su enajenación o disposición por otra vía o cuando no se espere obtener beneficios o rendimientos económicos futuros de los mismos.

La diferencia entre el importe que, en su caso, se obtenga de un elemento del inmovilizado material, neto de los costes de venta, y su valor contable, determinará el beneficio o la pérdida surgida al dar de baja dicho elemento, que se imputará a la cuenta de pérdidas y ganancias del ejercicio en que ésta se produce.

Los créditos por venta de inmovilizado se valorarán de acuerdo con lo dispuesto en la norma relativa a instrumentos financieros».

CUESTIÓN

¿Qué se considera como existencias a nivel contable?

Según la definición que el PGC recoge a los efectos del grupo contable 3, «Existencias», son activos poseídos para ser vendidos en el curso normal de la explotación, en proceso de producción o en forma de materiales o suministros para ser consumidos en el proceso de producción o en la prestación de servicios. Comprenden mercaderías, materias primas, otros aprovisionamientos, productos en curso, productos semiterminados, productos terminados y subproductos, residuos y materiales recuperado.

RESOLUCIÓN ADMINISTRATIVA

Consulta vinculante de la Dirección General de Tributos (V4501-16), de 18 de octubre de 2016

Asunto: tratamiento fiscal de las ganancias obtenidas por una sociedad que vende un elemento de su inmovilizado (el supuesto se refiere a una vivienda).

«En lo que se refiere a la transmisión de elementos del inmovilizado, la norma de registro y valoración 2ª del Plan General de Contabilidad, aprobado por Real Decreto 1514/2007, de 16 de noviembre (BOE de 20 de noviembre), establece que:

"Los elementos del inmovilizado material se darán de baja en el momento de su enajenación o disposición por otra vía o cuando no se espere obtener beneficios o rendimientos económicos futuros de los mismos.

La diferencia entre el importe que, en su caso, se obtenga de un elemento del inmovilizado material, neto de los costes de venta, y su valor contable, determinará el beneficio o la pérdida surgida al dar de baja dicho elemento, que se imputará a la cuenta de pérdidas y ganancias del ejercicio en que ésta se produce.

(...)".

Por tanto, en la medida en la que la titularidad del inmueble transmitido corresponde a la entidad A, la renta obtenida por dicha operación debe integrarse en la base imponible del Impuesto sobre Sociedades correspondiente al período impositivo en el que se produce la venta. Asimismo, dicha entidad, con arreglo a lo dispuesto en el artículo 124.1 de la LIS, está obligada a presentar la declaración por el Impuesto sobre Sociedades, en la que se incluya la renta derivada de la transmisión del inmueble».

4.
LAS OBLIGACIONES DE INFORMACIÓN A HACIENDA DE LAS PLATAFORMAS DIGITALES Y CÓMO AFECTAN A QUIÉNES LAS UTILIZAN

Las plataformas digitales de venta de segunda mano

En los últimos años ha aumentado el uso de las plataformas de ventas de segunda mano, como *Wallapop* o *Vinted*, entre otras. En ellas venden tanto empresarios o profesionales como particulares. Es por ello que resulta crucial conocer las obligaciones fiscales de los obligados tributarios, garantizando así el cumplimiento normativo para evitar sanciones.

Respecto a esta modalidad de venta *online*, tanto los vendedores como los compradores pueden incurrir en obligaciones fiscales como se ha mencionado en los epígrafes anteriores. Pero estas plataformas también cuentan con obligaciones fiscales en nuestro ordenamiento y en el comunitario. En este tema abordaremos las **obligaciones de información que tienen las plataformas digitales de venta de segunda mano con Hacienda y su alcance**.

Obligaciones de información de las plataformas digitales

Las plataformas digitales cuentan con ciertas obligaciones de registro e información, pues estas deben compartir con la Agencia Tributaria los datos de determinados usuarios.

La Ley 13/2023, de 24 de mayo, supuso la modificación de la LGT, en transposición de la Directiva (UE) 2021/514 del Consejo de 22 de marzo de 2021, por la que se modifica la Directiva 2011/16/UE, relativa a la cooperación administrativa en el ámbito de la fiscalidad. Con dicha modificación se incorporó a la LGT la disposición adicional vigésima quinta, aplicable desde el 1 de enero de 2023, mediante la cual se establecen las obligaciones de información y de diligencia debida relativas a la declaración nformativa de los operadores de plataforma obligados en el ámbito de la asistencia mutua.

Así, en virtud de lo dispuesto en el apartado 1 de la disposición adicional vigésima quinta de la LGT, *«las entidades que tuvieran la consideración de "operadores de plataforma obligados a comunicar información", conforme a lo dispuesto en el artículo 8 bis quater y el anexo V de la Directiva 2011/16/UE, del Consejo, de 15 de febrero de 2011, relativa a la cooperación administrativa en el ámbito de la fiscalidad y por la que se deroga la Directiva 77/799/CEE, así como en el Acuerdo Multilateral entre Autoridades Competentes para el intercambio automático de información sobre la renta obtenida a través de plataformas digitales y el Modelo de Reglas de comunicación de información por parte de operadores de plataformas respecto de los vendedores en el ámbito de la economía colaborativa y la economía de trabajo esporádico, y en otros acuerdos internacionales suscritos con el mismo objetivo, deberán aplicar las normas y procedimientos de diligencia debida y cumplir las obligaciones de registro y suministro de información conforme a la citada normativa».*

De igual modo, aquellas personas que tengan la consideración de vendedores, de acuerdo con la normativa anterior, deberán cumplir las obligaciones derivadas de la aplicación de las normas y procedimientos de diligencia debida.

De lo anterior se puede concluir que los «operadores de plataforma obligados a comunicar información» deberán:

- Aplicar las normas y procedimientos de diligencia debida.
- Cumplir con las obligaciones de registro en el censo que se especifica reglamentariamente.
- Suministrar información que obtengan a la Administración tributaria.

En desarrollo de dicha normativa se aprobó el Real Decreto 117/2024, de 30 de enero. En concreto, y a efectos de que los operadores de plataformas digitales puedan cumplir con la ya mencionada obligación, este reglamento establece las normas y procedimientos de diligencia debida que deberán aplicar respecto de los considerados «vendedores», a fin de que estos últimos faciliten determinados datos a los operadores (para que ellos, a su vez, puedan cumplir con la obligación de información respecto de la Administración tributaria).

Asimismo, esta norma también configura una nueva obligación de información, en virtud de la cual los «operadores de plataforma obligados a comunicar información» deberán declarar a la Administración tributaria determinada información relativa a la actividad pertinente desarrollada a través de la plataforma que operan. Posteriormente, esos datos obtenidos por la Administración tributaria española serán objeto de intercambio de información con el resto de los Estados miembros de la UE o jurisdicciones socias, remitiéndose a aquellos en los que el vendedor sea residente.

CUESTIONES

1. ¿Qué se entiende por «operadores de plataforma obligados a comunicar información» en la Directiva 2011/16/UE, del Consejo, de 15 de febrero de 2011?

La Directiva lo define en su anexo V del siguiente modo:

«(...) todo "operador de plataforma", a excepción de los operadores de plataforma excluidos, que se encuentre en alguna de las situaciones siguientes:

a) es residente a efectos fiscales en un Estado miembro o, cuando tal "operador de plataforma" no tenga una residencia a efectos fiscales en un Estado miembro, cumple alguna de las siguientes condiciones:

i) está constituido con arreglo a la legislación de un Estado miembro,

ii) su sede de dirección (incluida su dirección efectiva) se encuentra en un Estado miembro,

iii) tiene un establecimiento permanente en un Estado miembro y no es un "operador de plataforma cualificado externo a la Unión";

b) no es residente a efectos fiscales ni se ha constituido ni está administrado en un Estado miembro ni tiene un establecimiento permanente en un Estado miembro, pero facilita la realización de una "actividad pertinente" por parte de "vendedores sujetos a comunicación de información" o de una "actividad pertinente" que conlleve el arrendamiento de bienes inmuebles ubicados en un Estado miembro, y no es un "operador de plataforma cualificado externo a la Unión"».

2. ¿Y qué se entiende por «vendedores» en la citada normativa?

Se entiende por «vendedor» en virtud de lo dispuesto en el anexo V de la normativa «un usuario de una plataforma, ya sea una persona o una "entidad", que está registrado en cualquier momento durante el "período de referencia" en la plataforma y que realiza la "actividad pertinente"».

3. ¿Mediante qué modelos se cumpliría con las obligaciones de registro y de declaración de información a cargo de los operadores de plataformas digitales?

Los operadores de estas plataformas han de presentar el modelo 040 «Declaración censal de alta, modificación y baja en el registro de operadores de plataforma extranjeros no cualificados y en el registro de otros operadores de plataforma obligados a comunicar información» y el modelo 238 «Declaración informativa para la comunicación de información por parte de operadores de plataformas», aprobados por la Orden HAC/72/2024, de 1 de febrero.

A TENER EN CUENTA. En virtud de lo dispuesto en el artículo 2 de la Directiva 2011/16/UE, esta directiva «se aplicará a todos los tipos de impuestos percibidos por un Estado miembro o sus subdivisiones territoriales o administrativas, incluidas las autoridades locales, o en su nombre», a excepción del IVA, de los aranceles y de los impuestos especiales contemplados en otras normativas de la Unión relativas a la cooperación administrativa entre los Estados miembros. Tampoco resultará de aplicación a las cotizaciones obligatorias a la seguridad social abonables al Estado miembro o a una subdivisión territorial del mismo, o a los organismos de derecho público de la seguridad social.

Respecto a las actividades sobre las que debe informar un «**operador de plataforma obligado a comunicar información**» se encuentran, entre otras, las ventas de bienes muebles. Este operador ha de suministrar respecto de cada vendedor que haya realizado ventas de bienes muebles:

- Los datos facilitados por los vendedores al operador de plataforma.

- El identificador de la cuenta financiera.

- El titular de la cuenta financiera en la que se paga o abona la contraprestación, si es distinto del vendedor y está a disposición del operador de plataforma, así como cualquier otra información de identificación financiera de que disponga el operador respecto de este titular.

- Cada Estado miembro o jurisdicción socia en la que el vendedor es residente.
- La contraprestación total pagada o abonada y el número de actividades por trimestre.
- Comisiones, fianzas, tarifas, tributos y cantidades análogas retenidas o cobradas por el operador de plataforma durante cada trimestre.

Pero **¿existe la obligación de suministrar información a la Administración tributaria respecto de todos los vendedores?** La respuesta es no, pues no existe obligación respecto de los «vendedores **excluidos**», que son los siguientes:

- Vendedores que sean una entidad estatal.
- Vendedores que sean una entidad cuyo capital social se negocial regularmente en un mercado de valores reconocido o una entidad vinculada a una entidad cuyo capital se negocia regularmente en un mercado de valores reconocido.
- Vendedores que sean una entidad a la que el operador de plataforma haya facilitado, en el período de referencia, más de 2.000 actividades pertinentes a través de arrendamientos o cesiones temporales de uso con respecto a un bien inmueble comercializado.
- Vendedores a los que el operador de plataforma haya facilitado, mediante la venta de bienes, **menos de 30 actividades pertinentes, por las que el importe total de la contraprestación pagada o abonada no haya superado los 2.000 euros durante el período de referencia**.

Por lo tanto, la Directiva (UE) 2021/514 del Consejo de 22 de marzo de 2021 (más conocida como DAC 7) impone una obligación de información en un doble sentido:

- A las operaciones de plataformas obligados a comunicar información, la obligación de cumplir con las normas y procedimientos de diligencia debida y de remitir a los operados fiscales del Estado miembro en que se registren determinada información sobre los vendedores que operan en sus plataformas.
- Y, en lo relativo a los vendedores, la obligación de proporcionar la información requerida a los operadores de plataforma.

El incumplimiento de lo anterior podría implicar infracciones y sanciones tributarias, que se detallarán en el apartado correspondiente a «Régimen sancionador».

Además, todo operador de plataforma obligado a comunicar información deberá informar a cada vendedor persona física sujeto a comunicación de información que la información sobre el mismo a que se refiere la presente disposición, será suministrada a la Administración tributaria y transferida al Estado que corresponda con arreglo a la Directiva 2011/16/UE y los acuerdos internacionales indicados en la presente disposición. Asimismo, el operador facilitará a la persona física con suficiente antelación toda la información que esta tenga derecho a recibir para que pueda ejercer su derecho a la protección de sus datos personales y, en cualquier caso, antes de que la información por él recopilada sea suministrada a la Administración tributaria.

Régimen sancionador

Por lo que respecta a las infracciones y sanciones derivadas del incumplimiento de las obligaciones de registro y suministro de información previstas en el apartado 1 de la disposición adicional vigésima quinta, se estará a lo dispuesto en el título IV de la LGT, con las especialidades establecidas en dicha disposición adicional.

Estas **especialidades** son las siguientes:

- Constituye **infracción tributaria muy grave** la **ausencia de registro en la UE**, conforme a la Directiva 2011/16/UE del Consejo, de un operador de plataforma obligado a comunicar información a que se refiere la sección I, apartado A, punto 4, letra b), del anexo V de la citada directiva siempre que de ello se derive la falta de recepción por la Administración tributaria española de la información que hubiera debido recibir en plazo relativa a «vendedores sujetos a comunicación de información» residentes en territorio español o bienes inmuebles situados en dicho territorio. La sanción será una multa pecuniaria del triple de la que hubiera correspondido por la falta de suministro de dicha información conforme a lo dispuesto en el título IV de la LGT.

- También constituyen infracción tributaria:

  » Respecto a los «**operadores de plataforma obligados a comunicar información**», el **incumplimiento de las normas y procedimientos de diligencia debida** a que se refiere el apartado 1 de la disposición adicional, teniendo particularmente la consideración de infracción, respecto a lo aquí expuesto, el incumplimiento o cumplimiento incorrecto o fuera de plazo de las obligaciones derivadas de los procedimientos de diligencia debida relativos a:

    - Determinación de los vendedores no sujetos a revisión.

    - Recopilación de información sobre el vendedor.

    - Verificación de la información sobre el vendedor.

    - Determinación del Estado o Estados de residencia del vendedor.

    - Recopilación de información sobre bienes inmuebles alquilados.

    La infracción aquí prevista será grave y se sancionará con una multa pecuniaria fija de 200 euros por cada vendedor respecto del que se incumplieron las obligaciones.

> **A TENER EN CUENTA**. Cuando un operador de plataforma obligado a comunicar información se sirva de un prestador de servicios externo para cumplir las obligaciones de diligencia debida, estas seguirán siendo responsabilidad de tal operador.

» Respecto a los **vendedores, comunicar la información obligatoria en plazo o comunicar información falsa, incompleta o inexacta** a los «operadores de plataforma obligados a comunicar información», en cumplimiento de las obligaciones derivadas de la aplicación por el operador de los procedimientos de diligencia debida a que se refiere el subapartado anterior. Esta infracción será grave y se sancionará con multa pecuniaria fija de 300 euros.

- Se prevé que, cuando un vendedor no facilite al operador de plataforma obligado a comunicar información la información exigida con arreglo a las normas y procedimientos de diligencia debida, habiendo recibido dos recordatorios relativos a la solicitud inicial del operador y transcurrido un plazo de 60 días naturales desde la solicitud inicial, dicho **operador cerrará la cuenta del vendedor e impedirá que vuelva a registrarse en la plataforma o bien le retendrá el pago de la contraprestación** hasta que facilite la información que se solicitó.

- La Administración tributaria acordará la **baja cautelar en el censo correspondiente del operador de plataforma obligado a comunicar información** cuando no cumpla la obligación de informar a que se refiere el apartado 1 de la disposición adicional, después de dos requerimientos. La baja se efectuará en un plazo máximo de 90 días naturales desde el segundo requerimiento, pero nunca antes de que transcurran 30 días naturales desde el mismo y, una vez acordada la baja, el operador solo podrá cursar el alta de nuevo si ofrece garantías adecuadas de que se compromete a cumplir la obligación de información, incluidos aquellos suministros de información pendientes de cumplir.

Las declaraciones que resulten exigibles a los obligados, las pruebas documentales, los registros y cualquier información empleada para aplicar los procedimientos de diligencia debida y para cumplir las obligaciones de registro y suministro de información a que se refiere la disposición adicional deberán conservarse y mantenerse a disposición de la Administración tributaria durante los diez años siguientes a la finalización del período de referencia al que corresponde el suministro de información.

Por lo tanto, y como se ha podido observar, las plataformas digitales pueden estar obligadas a facilitar determinada información sobre los vendedores a la Administración tributaria y, tanto el incumplimiento de esta obligación por parte de las plataformas como la de la obligación de facilitar información por parte de los vendedores a las plataformas para que puedan cumplir con las normas y procedimientos de diligencia, constituyen infracciones tributarias. La información recopilada y reportada por las plataformas digitales permite a la Administración tributaria realizar un control más efectivo sobre las actividades realizadas a través de estas plataformas, asegurando así una mayor transparencia y cumplimiento de las obligaciones fiscales.

> **A TENER EN CUENTA**. El simple hecho de que las plataformas digitales compartan información con la Agencia tributaria, en virtud de lo dispuesto en la Directiva DAC 7, no implica la obligación de tributar. Para conocer si existe obligación de tributar se ha de estar a lo dispuesto en las normativas de los respectivos impuestos.

RESOLUCIÓN ADMINISTRATIVA

Consulta vinculante de la Dirección General de Tributos (V0487-25), de 25 de marzo de 2025

Asunto: posibilidad de la consideración de empresario o profesional en el IVA por la venta, a través de interfaz digital, de libros usados al haber superado el umbral de la Directiva (UE) 2021/514 del Consejo, de 22 de marzo de 2021.

«2.- Del escrito de la consulta se deduce que el consultante ha vendido 31 libros que ya había leído a través de una interfaz digital. Por el número de unidades vendidas la interfaz se ve obligada a informar a las autoridades tributarias de las ventas realizadas por el consultante en virtud de las obligaciones previstas en la, Directiva (UE) 2021/514 del Consejo de 22 de marzo de 2021, por la que se modifica la Directiva 2011/16/UE relativa a la cooperación administrativa en el ámbito de la fiscalidad, también conocida como Directiva DAC7.

Lo que procede analizar es si el hecho de realizar ocasionalmente estas operaciones supone que tales personas físicas adquieren la condición de empresario o profesional a efectos del Impuesto sobre el Valor Añadido.

En primer lugar, es preciso señalar que el hecho de que exista una obligación de la interfaz de informar a las autoridades tributarias en el marco de la DAC7 no altera la posible calificación de empresario o profesional en el Impuesto sobre el Valor Añadido la cual debe realizarse de acuerdo con su propia normativa y atendiendo a las circunstancias en las que se realizan las operaciones.

Al respecto debe decirse que la frecuencia o habitualidad con la que una persona física entrega bienes o presta servicios no tiene relevancia en lo que respecta a la consideración de esa persona física como empresario o profesional a los efectos del Impuesto en la medida en que exista la concurrencia de la ordenación de unos medios de producción que impliquen la voluntad de intervenir en el mercado, aunque sea de forma ocasional.

Así se ha manifestado por este Centro directivo en, entre otras, la contestación vinculante de 21 de mayo de 2012, número V1102-12, en la que se señaló que "no puede predicarse que una persona o entidad tiene la consideración, o no, de empresario o profesional a efectos del Impuesto sobre el sobre el Valor Añadido y, por tanto, de sujeto pasivo de dicho Impuesto, de forma intermitente en el tiempo, en función del tipo de operaciones que realice, sean estas a título gratuito u oneroso.".

No obstante, dichas personas físicas no tendrían la consideración de empresarios o profesionales cuando realicen dicha operación, de forma puntual y aislada y sin intención de continuidad, efectuada al margen de una actividad empresarial o profesional.

De acuerdo con todo lo anterior, estará sujeta al Impuesto sobre el Valor Añadido la operación a que se refiere el escrito de consulta, en particular, cuando la citada persona física tenga intención de intervenir en la producción de bienes y servicios, lo que determinará la realización de una actividad empresarial o profesional a efectos del Impuesto sobre el Valor Añadido».

ANEXO.
CASOS PRÁCTICOS

Caso práctico | Compraventa de vehículo a particular en el extranjero y sus implicaciones fiscales

PLANTEAMIENTO

Manuel, un particular de 33 años residente en España y aficionado a los coches, decide comprar un vehículo particular a motor que ha visto anunciado en sus vacaciones. El vehículo pertenece a Luca, un particular residente en Francia, y tiene matrícula francesa. ¿Qué implicaciones fiscales tiene dicha compraventa para Manuel?

RESPUESTA

Manuel deberá cumplir con sus obligaciones fiscales y liquidar el ITP, el IEDMT (impuesto de matriculación) y el IVTM (impuesto de circulación).

Teniendo en cuenta lo dispuesto en el artículo 7 de la LITPyAJD, se consideran **transmisiones patrimoniales** sujetas al impuesto las transmisiones onerosas por actos inter vivos de toda clase de bienes y derechos que integren el patrimonio de las personas físicas o jurídicas, estando obligado al pago del mismo el que los adquiere, en virtud de lo establecido en el artículo 8 de la ley.

Además, el artículo 6.1.A) del RITPyAJD establece que el impuesto se exigirá «por las transmisiones patrimoniales onerosas de bienes y derechos, cualquiera que sea su naturaleza, que estuvieran situados, pudieran ejercitarse o hubieran de cumplirse en territorio español o en territorio extranjero, cuando, en este último supuesto, el obligado al pago del impuesto tenga su residencia en España», no siendo exigible por aquellas transmisiones patrimoniales de bienes y derechos que, con independencia de su naturaleza, se efectuasen en territorio extranjero y hubiesen de surtir efectos fuera del territorio español.

Así las cosas, vemos como el **contribuyente se encuentra obligado a liquidar el ITP respecto de la compraventa del vehículo de segunda mano en el extranjero.**

Además, también ha de liquidar dos impuestos relacionados con los vehículos como son el Impuesto Estatal sobre Determinados Medios de Transporte y el Impuesto sobre Vehículos de Tracción Mecánica.

El **Impuesto Estatal sobre Determinados Medios de Transporte (IEDMT o Impuesto de matriculación)** se encuentra regulado en la Ley 38/1992, de 28 de diciembre, en su artículo 65 y siguientes. En ellos se indica que estará sujeta al impuesto la primera matriculación definitiva en España de vehículos, ya sean nuevos o usados, que estén provistos de motor para su propulsión, a excepción de los indicados en el artículo 65.1.a) y de las exenciones previstas en el artículo 66 de la ley.

Teniendo en cuenta que el vehículo pertenecía inicialmente a un particular francés y estaba matriculado en Francia, **corresponde la liquidación del IEDMT derivada de la primera matriculación definitiva en España de un vehículo usado**. El pago del impuesto corresponderá a Manuel, ya que es la persona a cuyo nombre se efectúa la primera matriculación definitiva del vehículo.

Por lo que respecta al **Impuesto sobre Vehículos de Tracción Mecánica (IVTM o Impuesto de circulación)**, regulado en los artículos 92 y siguientes del Real Decreto Legislativo 2/2004, de 5 de marzo, este impuesto, que **grava la titularidad de los vehículos de tracción mecánica aptos para circular por las vías públicas, cualquiera que sea su clase y categoría, ha de ser liquidado por el sujeto a cuyo nombre conste el vehículo en el permiso de circulación**. Se ha de acreditar el pago de este impuesto previamente a la solicitud ante la Jefatura Provincial de Tráfico de la matriculación del vehículo o la certificación de aptitud para circular del mismo.

De todo lo anterior se desprende la necesidad del pago de los tres impuestos anteriormente mencionados para poder circular con el vehículo por territorio español.

Caso práctico | Venta de bien mueble y reinversión en rentas vitalicias. Fiscalidad en el IRPF

PLANTEAMIENTO

Francisca, de 69 años, decide vender a un coleccionista de arte un cuadro cuyo coste de adquisición fue de 19.850 euros por un importe total de 39.768 euros, obteniendo una ganancia patrimonial de 19.918 euros, calculada como la diferencia entre el valor de transmisión y el valor de adquisición de los bienes.

Francisca decide reinvertir 39.000 euros del importe obtenido en la venta en una renta vitalicia asegurada a su favor. ¿Cómo tributarán las ganancias obtenidas por Francisca por la venta del cuadro? ¿Puede acogerse a la exención por reinversión en rentas vitalicias para la parte de la ganancia patrimonial correspondiente a la cantidad reinvertida?

RESPUESTA

Francisca podrá aplicar la exención por reinversión en rentas vitalicias siempre y cuando cumpla los requisitos establecidos reglamentariamente, teniendo en cuenta que la cantidad reinvertida es inferior al total de lo percibido en la transmisión (39.000 euros). Solo se excluirá de tributación la parte proporcional de la ganancia patrimonial obtenida que corresponda a la cantidad reinvertida. La cantidad restante tributará como ganancia patrimonial, integrándose en la base imponible del ahorro.

El artículo 38 de la LIRPF y el art. 42 del RIRPF regulan la exención por rentas vitalicias.

El artículo 38.3 de la LIRPF establece lo siguiente:

> «Podrán excluirse de gravamen las ganancias patrimoniales que se pongan de manifiesto con ocasión de la transmisión de elementos patrimoniales por contribuyentes mayores de 65 años, siempre que el importe total obtenido por la transmisión se destine en el plazo de seis meses a constituir una renta vitalicia asegurada a su favor, en las condiciones que reglamentariamente se determinen. La cantidad máxima total que a tal efecto podrá destinarse a constituir rentas vitalicias será de 240.000 euros.
>
> Cuando el importe reinvertido sea inferior al total de lo percibido en la transmisión, únicamente se excluirá de tributación la parte proporcional de la ganancia patrimonial obtenida que corresponda a la cantidad reinvertida.
>
> La anticipación, total o parcial, de los derechos económicos derivados de la renta vitalicia constituida, determinará el sometimiento a gravamen de la ganancia patrimonial correspondiente».

Por su parte el artículo 42 del RIRPF establece que la renta vitalicia ha de constituirse en el plazo de seis meses desde la fecha de transmisión del elemento patrimonial. No obstante, cuando la ganancia patrimonial esté sometida a retención y el valor de transmisión minorado en el importe de la retención se destine íntegramente a constituir una renta vitalicia en el plazo de seis meses, el plazo para destinar el importe de la retención a la constitución de la renta vitalicia se ampliará hasta la finalización del ejercicio siguiente a aquel en el que se efectúe la transmisión.

La cantidad máxima total cuya reinversión en la constitución de rentas vitalicias dará derecho a aplicar la exención será de 240.000 euros y, para poder gozar de dicha exención, el apartado 3 del artículo 42 del RIRPF establece unos requisitos. Son los siguientes:

- El contrato de renta vitalicia deberá suscribirse entre el contribuyente, que tendrá condición de beneficiario, y una entidad aseguradora.

  En los contratos de renta vitalicia podrán establecerse mecanismos de reversión o períodos ciertos de prestación o fórmulas de contraseguro en caso de fallecimiento una vez constituida la renta vitalicia.

- La renta vitalicia deberá tener una periodicidad inferior o igual al año, comenzar a percibirse en el plazo de un año desde su constitución, y el importe anual de las rentas no podrá decrecer en más de un 5 % respecto del año anterior.

- El contribuyente deberá comunicar a la entidad aseguradora que la renta vitalicia que se contrata constituye la reinversión del importe obtenido por la transmisión de elementos patrimoniales, a efectos de la aplicación de la exención prevista en el artículo 42 del RIRPF.

A TENER EN CUENTA. La disposición adicional novena del RIRPF estableció que, en los supuestos en que existan mecanismos de reversión, períodos ciertos de prestación o fórmulas de contraseguro en caso de fallecimiento sobre contratos de rentas vitalicias aseguradas a que se refieren el apartado 3 del artículo 38 y la disposición adicional tercera de la LIRPF, deberán de cumplirse los requisitos establecidos en la mencionada disposición adicional novena.

En vista de lo anterior, Francisca podrá gozar de la exención por rentas vitalicias por la parte proporcional de la ganancia patrimonial obtenida que corresponda a la cantidad reinvertida. El resto tributará como ganancia patrimonial en el IRPF, que se integrará en la base imponible del ahorro.

Puede resultar de interés al respecto la consulta vinculante de la Dirección General de Tributos (V2028-22), de 21 de septiembre de 2022.

Caso práctico | ¿Puedo computar una pérdida patrimonial en IRPF por lo perdido en una estafa en la compraventa de vehículo?

PLANTEAMIENTO

Anabel pagó 15.000 euros para adquirir un vehículo de segunda mano a una empresa de compraventa. Sin embargo, la empresa nunca llegó a entregarle el vehículo, por lo que presentó la correspondiente denuncia y está a la espera de que se celebre el juicio penal.

¿Puede computar una pérdida patrimonial en su IRPF?

RESPUESTA

En principio, Anabel tendrá un derecho de crédito frente a la empresa de compraventa, que solo podrá imputar como pérdida patrimonial en su IRPF cuando concurra alguna de las circunstancias que señala el artículo 14.2.k) de la LIRPF. Si, tras computar la pérdida patrimonial, cobrase el crédito, tendría que imputar una ganancia patrimonial en el período impositivo correspondiente.

Según el artículo 33.1 de la LIRPF, son ganancias y pérdidas patrimoniales «las variaciones en el valor del patrimonio del contribuyente que se pongan de manifiesto con ocasión de cualquier alteración en la composición de aquél, salvo que por esta Ley se califiquen como rendimientos».

Dado que Anabel ha pagado por la adquisición de un vehículo que no se le ha entregado, no se le generaría de forma automática una pérdida patrimonial por entender que se ha producido un presunto fraude o estafa, pues en principio cabría considerar la existencia de un derecho de crédito frente a la empresa de compraventa, por el importe entregado para comprar el vehículo. En ese sentido, la letra k) del apartado 2 del artículo 14 de la LIRPF establece una regla especial de imputación temporal para los supuestos de créditos no cobrados, a cuyo tenor:

«k) Las pérdidas patrimoniales derivadas de créditos vencidos y no cobrados podrán imputarse al período impositivo en que concurra alguna de las siguientes circunstancias:

1.º Que adquiera eficacia una quita establecida en un acuerdo de refinanciación judicialmente homologable a los que se refiere el artículo 71 bis y la disposición adicional cuarta de la Ley 22/2003, de 9 de julio, Concursal, o en un acuerdo extrajudicial de pagos a los cuales se refiere el Título X de la misma Ley.

2.º Que, encontrándose el deudor en situación de concurso, adquiera eficacia el convenio en el que se acuerde una quita en el importe del crédito conforme a lo dispuesto en el artículo 133 de la Ley 22/2003, de 9 de julio, Concursal, en cuyo caso la pérdida se computará por la cuantía de la quita.

En otro caso, que concluya el procedimiento concursal sin que se hubiera satisfecho el crédito salvo cuando se acuerde la conclusión del concurso por las causas a las que se refieren los apartados 1.º, 4.º y 5.º del artículo 176 de la Ley 22/2003, de 9 de julio, Concursal.

3.º Que se cumpla el plazo de un año desde el inicio del procedimiento judicial distinto de los de concurso que tenga por objeto la ejecución del crédito sin que este haya sido satisfecho.

Cuando el crédito fuera cobrado con posterioridad al cómputo de la pérdida patrimonial a que se refiere esta letra k), se imputará una ganancia patrimonial por el importe cobrado en el período impositivo en que se produzca dicho cobro».

> **A TENER EN CUENTA.** Según indica la disposición adicional vigésima primera de la LIRPF, a efectos de la aplicación de esta regla especial de imputación temporal, la circunstancia prevista en el número 3.º únicamente se tendrá en cuenta cuando el plazo de un año finalice a partir de 1 de enero de 2015.

Por lo tanto, **la pérdida patrimonial se entenderá producida cuando, una vez reconocida la existencia de un derecho de crédito respecto al importe entregado (y no recuperado) para la adquisición del vehículo, concurra alguna de las circunstancias** que indica el artículo que acaba de reproducirse. En concreto, en el caso de la circunstancia del numeral 3.º, como señala la consulta vinculante de la Dirección General de Tributos (V2248-23), de 27 de julio de 2023, en un supuesto de hecho similar al aquí planteado, se entiende que «la presentación de la querella [o denuncia] por estafa no comporta la existencia de la circunstancia recogida en el referido número, pues la misma exige para su consideración que se trate de un procedimiento judicial destinado a la ejecución del crédito». En el mismo sentido se pronuncia también su más reciente consulta vinculante (V0301-24), de 5 de marzo de 2024, o la (V0229-25), de 4 de marzo de 2025. En concreto, esta última indica lo siguiente:

> «(...) para que pueda entenderse producida una pérdida patrimonial, el derecho de crédito correspondiente a la indemnización tiene que corresponderse con un crédito vencido y no cobrado, siendo necesaria además la concurrencia de alguna de las circunstancias establecidas en el artículo 14.2.k) para que pueda llegar a imputarse en ese momento una pérdida patrimonial. En este punto, procede indicar —respecto a la existencia de una sentencia penal condenando al vendedor— que tal hecho no comporta "per se" la existencia de la circunstancia recogida en el número 3º del citado precepto, pues esta circunstancia exige para su consideración que se trate de un **procedimiento judicial destinado a la ejecución del crédito que pudiera resultar de la sentencia penal condenatoria**, circunstancia que sí cabe entenderse producida en este caso, pues el crédito no ha sido cobrado y el procedimiento de ejecución de la sentencia penal (sentencia firme por no haber sido recurrida) se inició (conforme con la documentación aportada) por decreto judicial de 16 de marzo de 2022 (...), constando también en el mismo procedimiento diligencia de la Letrada de la Administración de Justicia de 11 de julio de 2024 en la que se acuerda que "será la parte ejecutante como interesada la que deberá instar la demanda declarativa correspondiente en los Juzgados de Primera Instancia del lugar donde radique la finca, los cuales dictaran por los tramites del juicio declarativo correspondiente la sentencia que será título para inscribir la propiedad en favor del ejecutado", por lo que en el período impositivo 2023 se habrá cumplido el plazo de un año exigido por la normativa para imputar en ese período la pérdida patrimonial por no haberse producido el cobro del crédito».

Por lo demás, cuando pueda imputarse la pérdida patrimonial en el IRPF, se integrará en la base imponible general, puesto que no procede de una transmisión de elementos patrimoniales (artículos 45, 46 y 48 de la LIRPF).

Finalmente, conviene también traer a colación la consulta vinculante de la DGT (V2493-24), de 9 de diciembre de 2024, referida a un caso de estafa a través de internet, que apunta lo siguiente:

> «(...) en caso de no llegar a identificarse al autor del engaño o estafa sufrido por el consultante, lo que impediría determinar la existencia de un derecho de crédito en favor de este contra aquel, el importe objeto de la estafa constituiría una pérdida patrimonial, pues respondería al concepto que de estas variaciones recoge el reproducido apartado 1 del artículo 33; es decir: conceptualmente existiría una pérdida patrimonial.
>
> En cualquier caso, deberá tenerse en cuenta lo señalado en el apartado 5 de este mismo artículo 33, apartado que determina en su letra a) que "no se computarán como pérdidas patrimoniales (...) las no justificadas", por lo que para que esta pueda llegar a tener incidencia en el IRPF deberá estar justificada. Al resto, procede indicar que "en los procedimientos tributarios serán de aplicación las normas que sobre medios y valoración de prueba se contienen en el Código Civil y en la Ley 1/2000, de 7 de enero, de Enjuiciamiento Civil, salvo que la ley establezca otra cosa", tal como dispone el artículo 106.1 de la Ley 58/2003, de 17 de diciembre, General Tributaria».

Caso práctico | Cálculo de la ganancia patrimonial en IRPF por permuta de vehículos entre particulares

PLANTEAMIENTO

Dos particulares deciden permutar (intercambiar) sus respectivos vehículos personales, cuyos valores de mercado en el momento de la permuta son de 1.200 y 1.700 euros, respectivamente.

¿Cómo se calculará la ganancia o pérdida patrimonial que, a efectos del IRPF, resulte para cada uno?

RESPUESTA

Cada uno de los interesados obtendrá una ganancia o pérdida patrimonial en IRPF que se corresponderá con la diferencia entre el mayor de los valores de mercado del vehículo entregado o recibido y el valor de adquisición del entregado.

La permuta que realizan ambos particulares tendrá la consideración de ganancia o pérdida patrimonial a los efectos de su IRPF, de acuerdo con el artículo 33.1 de la LIRPF. Su importe se determinará aplicando la regla específica que establece el artículo 37.1.h) de la LIRPF, a cuyo tenor:

«1. Cuando la alteración en el valor del patrimonio proceda:
(…)
h) De la permuta de bienes o derechos, incluido el canje de valores, la ganancia o pérdida patrimonial se determinará por la **diferencia entre el valor de adquisición del bien o derecho que se cede y el mayor de los dos siguientes:**
- El **valor de mercado del bien o derecho entregado.**
- El **valor de mercado del bien o derecho que se recibe a cambio**».

Por lo tanto, cada uno de los permutantes obtendrá una ganancia o pérdida patrimonial que se corresponderá con la diferencia entre el mayor de los valores de mercado del vehículo entregado o recibido y el valor de adquisición del entregado. En este sentido, la consulta vinculante de la DGT (V0378-22), de 25 de febrero de 2022, aclara lo siguiente:

«Respecto al valor de adquisición a tener en cuenta para determinar el importe de la variación patrimonial, debe señalarse que al ser los vehículos unos bienes de consumo duradero aquel valor se ha ido minorando por su mera utilización, por lo que **al no ser computables las pérdidas debidas al consumo** —así se establece en el artículo 33.5.b) de la Ley del Impuesto— **el valor de adquisición a tener en cuenta será el valor de mercado de los vehículos en el momento de la permuta**. En este sentido se ha pronunciado este Centro en sus contestaciones a consultas tributarias nº 0858-00, 2157-01, V1420-06 y V1761-18.

En cuanto a la aplicación de los precios medios de venta resultantes de la Orden HFP/1442/2021, de 20 de diciembre, por la que se aprueban los precios medios de venta aplicables en la gestión del Impuesto sobre Transmisiones Patrimoniales y Actos Jurídicos Documentados, Impuesto sobre Sucesiones y Donaciones e Impuesto Especial sobre Determinados Medios de Transporte (BOE del día 24) procede indicar que tales precios son "utilizables como medios de comprobación a los efectos del Impuesto sobre Transmisiones Patrimoniales y Actos Jurídicos Documentados, Impuesto sobre Sucesiones y Donaciones e Impuesto Especial sobre Determinados Medios de Transporte", así se establece en el artículo 2 de la Orden, pero —tal como ya se ha señalado anteriormente— **el valor de transmisión a tener en cuenta a efectos de determinar la ganancia o pérdida patrimonial en el IRPF será el mayor de los valores de mercado del vehículo entregado o del vehículo recibido**».

Así las cosas, y teniendo en cuenta los datos del enunciado:

- **Particular A, que entrega el vehículo 1.700 euros y recibe el de 1.200 euros. No obtendría ganancia o pérdida patrimonial,** ya que existe una identidad de los valores de transmisión y adquisición: recibe un vehículo al que procede dar una valoración de 1.700 euros (el mayor de los valores de mercado de los vehículos permutados) y entrega un vehículo valorado en 1.700 euros.

- **Particular B, que entrega el vehículo de 1.200 euros y recibe el de 1.700 euros. Obtendría una ganancia patrimonial de 500 euros,** diferencia entre los valores de transmisión (el mayor de los valores de mercado de los vehículos permutados, 1.700 euros) y el de adquisición (1.200 euros, valor de mercado del vehículo que entrega).

Caso práctico | IVA en la venta de cabeza tractora y plataforma de camión por un transportista autónomo

PLANTEAMIENTO

Una persona física autónoma dedicada al transporte de mercancías va a transmitir a un tercero, que quiere iniciarse en la misma actividad, la cabeza tractora y la plataforma utilizada en su actividad, pues se va a jubilar.

¿La transmisión estará sujeta al IVA?

RESPUESTA

Atendiendo a la DGT, la cabeza tractora y la plataforma de transporte que se van a transmitir no constituyen una unidad económica autónoma en los términos del artículo 7.1.º de la LIVA, por lo que la operación quedaría sujeta al IVA.

A la vista de los artículos 4 y 5 de la LIVA, la **persona física transmitente tiene la consideración de empresario o profesional a los efectos del IVA** y estarán sujetas a dicho impuesto las entregas de bienes y prestaciones de servicios que desarrolle en el ejercicio de su actividad en el territorio de aplicación del IVA.

Con todo, el **apartado 1.º del artículo 7 de la LIVA** recoge un supuesto de no sujeción para aquellos supuestos en los que se transmita una unidad económica autónoma:

«No estarán sujetas al impuesto:

1.º La transmisión de un conjunto de elementos corporales y, en su caso, incorporales que, formando parte del patrimonio empresarial o profesional del sujeto pasivo, constituyan o sean susceptibles de constituir una unidad económica autónoma en el transmitente, capaz de desarrollar una actividad empresarial o profesional por sus propios medios, con independencia del régimen fiscal que a dicha transmisión le resulte de aplicación en el ámbito de otros tributos y del procedente conforme a lo dispuesto en el artículo 4, apartado cuatro, de esta Ley.

Quedarán excluidas de la no sujeción a que se refiere el párrafo anterior las siguientes transmisiones:

a) La mera cesión de bienes o de derechos.

b) Las realizadas por quienes tengan la condición de empresario o profesional exclusivamente conforme a lo dispuesto por el artículo 5, apartado uno, letra c) de esta Ley, cuando dichas transmisiones tengan por objeto la mera cesión de bienes.

c) Las efectuadas por quienes tengan la condición de empresario o profesional exclusivamente por la realización ocasional de las operaciones a que se refiere el artículo 5, apartado uno, letra d) de esta Ley.

A los efectos de lo dispuesto en este número, resultará irrelevante que el adquirente desarrolle la misma actividad a la que estaban afectos los elementos adquiridos u otra diferente, siempre que se acredite por el adquirente la intención de mantener dicha afectación al desarrollo de una actividad empresarial o profesional.

En relación con lo dispuesto en este número, se considerará como mera cesión de bienes o de derechos, la transmisión de éstos cuando no se acompañe de una estructura organizativa de factores de producción materiales y humanos, o de uno de ellos, que permita considerar a la misma constitutiva de una unidad económica autónoma.

En caso de que los bienes y derechos transmitidos, o parte de ellos, se desafecten posteriormente de las actividades empresariales o profesionales que determinan la no sujeción prevista en este número, la referida desafectación quedará sujeta al Impuesto en la forma establecida para cada caso en esta Ley.

Los adquirentes de los bienes y derechos comprendidos en las transmisiones que se beneficien de la no sujeción establecida en este número se subrogarán, respecto de dichos bienes y derechos, en la posición del transmitente en cuanto a la aplicación de las normas contenidas en el artículo 20, apartado uno, número 22.º y en los artículos 92 a 114 de esta Ley».

Por lo tanto, para que proceda este supuesto de no sujeción serían necesarios los siguientes requisitos:

- Que los **elementos transmitidos constituyan una unidad económica autónoma capaz de desarrollar una actividad empresarial o profesional por sus propios medios en sede del transmitente**.

- Que dicha unidad económica se **afecte al desarrollo de una actividad** empresarial o profesional.

Es decir, la no sujeción exige que el conjunto de los elementos transmitidos sea suficiente para permitir el desarrollo de una actividad económica autónoma en sede del transmitente.

En el concreto supuesto de hecho solo se van a transmitir una cabeza tractora de camión y una plataforma de transporte, lo que a juicio de la Dirección General de Tributos no permitiría aplicar el supuesto de no sujeción. En ese sentido, en su consulta vinculante (V2048-23), de 13 de julio de 2023, resolvió que «la referida transmisión que se va a poner de manifiesto como consecuencia de la operación objeto de consulta *no constituye una unidad económica autónoma* en los términos establecidos en los apartados anteriores de esta contestación y *tendrá la consideración de una mera cesión de bienes, sujeta al Impuesto sobre el Valor Añadido, al no verse acompañada de la necesaria estructura organizativa de factores de producción* en los términos señalados en el artículo 7.1º de la Ley 37/1992». En consecuencia, la transmisión estará sujeta al IVA y cada elemento deberá tributar de forma independiente según las normas que le sean aplicables.

El transmitente tendrá que repercutir el IVA en factura al adquirente, aplicando el tipo general del impuesto, del 21 %, conforme al artículo 90 de la LIVA, con independencia de que tribute por la actividad de transporte en régimen general o, en su caso, en régimen simplificado.

A TENER EN CUENTA. Como entendemos que la cabeza tractora y la plataforma constituirían bienes de inversión de acuerdo con el artículo 108 de la LIVA, habría que regularizar las cuotas del IVA soportadas en la adquisición o importación conforme al artículo 107 de la LIVA, sin perjuicio de la obligación de practicar la regularización definitiva que pudiera resultar según el artículo 110 de la LIVA, en el supuesto de que la transmisión tenga lugar antes de terminado el período de regularización.

Caso práctico | Compraventa de bienes muebles entre particulares a través de una plataforma digital

PLANTEAMIENTO

Paco, tras el fallecimiento de su madre, decide vender a través de una plataforma digital de venta de segunda mano las piezas de la vajilla que heredó de su madre. Para ello puso varios anuncios en la plataforma, vendiendo por lotes dicha vajilla. A finales de 2024 había conseguido realizar siete ventas, todas ellas por un valor inferior a 500 euros en su conjunto. ¿Está obligada la plataforma a suministrar a la AEAT información sobre Paco, el vendedor? ¿Tiene Paco que tributar por los bienes vendidos?

RESPUESTA

La plataforma no está obligada a suministrar a la AEAT información sobre Paco al no llegar al mínimo establecido para ello. Respecto a la tributación por los bienes vendidos, si Paco ha obtenido una ganancia patrimonial con la venta, deberá tributar por la misma y presentar declaración si está obligado a ello.

En virtud de la DAC 7, los operadores de plataformas digitales obligados a suministrar información deberán reportar a la AEAT la información relativa a las ventas realizadas por aquellos vendedores a los que el operador de plataforma haya facilitado, mediante la venta de bienes, al menos de 30 actividades pertinentes, por las que el importe total de la contraprestación pagada o abonada haya superado los 2.000 euros durante el período de referencia.

Teniendo en cuenta que Paco realizó 7 ventas y todas ellas sumaron un total de 500 euros, Paco se encuentra entre los denominados «vendedores excluidos».

> **A TENER EN CUENTA.** Se denominan «vendedores excluidos» los establecidos en el apartado 4 de la letra B de la sección I del anexo V de la Directiva 2011/16/UE del Consejo de 15 de febrero de 2011.

Respecto a la obligación de tributar por los bienes vendidos, se ha de estar a lo dispuesto en la normativa del IRPF.

Para determinar la obligación de declarar, se han de tener en cuenta todas las rentas obtenidas en su conjunto. La LIRPF establece en su artículo 96 que «los contribuyentes estarán obligados a presentar y suscribir declaración por este Impuesto, con los límites y condiciones que reglamentariamente se establezcan».

Por lo que respecta a las ganancias patrimoniales, estas se calcularán por la diferencia entre el valor de transmisión y el valor de adquisición de los elementos patrimoniales.

Por lo tanto, si se cumple alguno de los supuestos previsto en el artículo 96 de la LIRPF y 61 del RIRPF, el contribuyente estará obligado a declarar las ganancias patrimoniales obtenidas de la venta.